博雅对外汉语精品教材
口语教材系列

初级汉语口语(2)

(第三版)

ELEMENTARY SPOKEN
CHINESE 2
(Third Edition)

课文与练习

戴桂芙　刘立新　李海燕　编著

北京大学出版社
PEKING UNIVERSITY PRESS

图书在版编目（CIP）数据

初级汉语口语 . 2/ 戴桂芙，刘立新，李海燕编著 . —3 版 . —北京：北京大学出版社，2014.9
（博雅对外汉语精品教材）
ISBN 978-7-301-24712-9

I. ①初… II. ①戴… ②刘… ③李… III. ①汉语—口语—对外汉语教学—教材 IV. ① H195.4

中国版本图书馆 CIP 数据核字（2014）第 198771 号

书　　　　名：	初级汉语口语（2）（第三版）
著作责任者：	戴桂芙　刘立新　李海燕　编著
责 任 编 辑：	沈　岚　沈浦娜
标 准 书 号：	ISBN 978-7-301-24712-9/H·3566
出 版 发 行：	北京大学出版社
地　　　　址：	北京市海淀区成府路 205 号　100871
网　　　　址：	http://www.pup.cn　　新浪官方微博 :@ 北京大学出版社
电 子 信 箱：	zpup@pup.cn
电　　　　话：	邮购部 62752015　发行部 62750672　编辑部 62767349　出版部 62754962
印　　刷　者：	三河市博文印刷有限公司
经　　销　者：	新华书店
	889 毫米 ×1194 毫米　16 开本　19 印张　340 千字
	1998 年 4 月第 1 版　2004 年 8 月第 2 版
	2014 年 9 月第 3 版　2020 年 4 月第 6 次印刷
定　　　　价：	72.00 元（全二册）

未经许可，不得以任何方式复制或抄袭本书之部分或全部内容。
版权所有，侵权必究
举报电话：010-62752024　电子信箱：fd@pup.pku.edu.cn

第三版改版说明

　　这是一套经典汉语口语教材，自1996年出版以来，受到国内外汉语学习者和汉语教师的广泛好评，先后两次改版，数十次印刷，至今畅销不衰。

　　本套教材分初、中、高三个级别，每级分1、2和提高篇三册。每课分为课文、注释、语言点和练习等部分。每三至五课为一个单元，每单元附有口语常用语、口语知识及交际文化知识等。

　　本套教材从零起点起，初级前三课为语音集中教学阶段，后续课程根据情景和功能灵活设课，循序渐进，急用先学，即学即用。教材的选词范围主要以《汉语水平词汇与汉字等级大纲》为参照，初级以甲、乙级词为主，学习初级口语常用句式、简单对话和成段表达；中级以乙、丙级词为主，以若干主线人物贯串始终，赋予人物一定的性格特征和语言风格；高级以丁级词为主，第1、2册以一个典型的中国家庭为主线，以类似剧本的形式展开故事情节，展示中国家庭和社会的多个侧面。

　　本套教材的主要特点是：

　　1. 与日常生活紧密结合，学以致用；

　　2. 语言点解释简单明了，通俗易懂；

　　3. 练习注重结构与交际，丰富实用。

　　本套教材每个级别可供常规汉语进修生或本科生一学年之用，或供短期生根据实际水平及课时灵活选用。

　　第三版主要针对以下内容进行修订：

　　1. 对课文、例句及练习中过时的内容做了修改和替换，使之更具时代感；

　　2. 对少量语言点及解释做了调整和梳理，使之更加严谨，便于教学；

　　3. 对部分练习做了增删，使之更具有针对性和实用性。

北京大学出版社汉语及语言学编辑部
2014年3月

序

  随着改革开放的深入发展，对外汉语教学也日益受到人们的重视。来华的留学生人数也在增加。这些留学生中，虽然也有要通过汉语学习中国文化的，但其中有不少是要利用汉语和中国通商或进行政治、外交等诸方面活动的。在这种情况下，口语能力就显得特别重要。许多留学生都希望在短期内学好一口流利的普通话以便进行工作。

  我们的汉语口语教学起步较晚。五六十年代虽然已有不少国家的留学生，可以说都是要打好汉语基础再入系深造的。我们对口语会话能力并未给以特殊的重视。"文化大革命"以后，开始有些口语课本出现，这些口语课本都是在会话内容上强调要贴近留学生生活、要能介绍中国文化、要能教给留学生得体的汉语、要能引起学生兴趣，等等。

  诚然，上述各方面对口语教材都是非常重要的。但是要提高口语教学质量、改善口语教材的编写，却是个更重要的问题。

  1996年起戴桂芙同志和两位青年教师在教授初级口语的同时，边实践、边总结、边研究、边编写，写成了今天这部初级口语课本。在编写课文时，她们没有忘记课文要贴近学生生活、要介绍中国文化、要语言得体、活泼有趣等等。因为这是所有口语教师都十分注意的。我认为她们把过去以词语为单位的教学法改革为以句型为单位的教学法才是最重要而有意义的改革。

  为什么要把句型本位作为口语教学的出发点？这种变动有什么道理？我认为教材离不开学生的特点。成人学习外语都是想短期速成、目标明确。在一定的语言环境下教给学生恰当的句型，叫他们会话，这是符合学生要求的，也是便于学生掌握的。这样的教学效果肯定会较好的。

  因为有句型本位的训练，初级口语也能训练学生成段表达的能力。这也有利于培养学生用汉语进行思维的能力，从而为他们尽早掌握符合汉语习惯的口语创造条件。

  戴桂芙、刘立新、李海燕三位同志善于深思、勇于创新，为口语教学开新路。我祝她们取得更大成绩，为对外汉语教学立新功！

邓懿
1997年7月

第三版前言

《初级汉语口语》(1、2和提高篇)第二版出版至今,已近10载,重印多次,作为编者,我们深感欣慰。然而,随着社会生活的变化,语言的发展,教学理念的更新,教材,尤其是语言教材有必要加以修订和完善。为此,在北京大学出版社和同行们的帮助下,我们广泛搜集了使用过这部教材的北京大学对外汉语教育学院以及外校老师的意见,也参考了一些针对这套教材所作的研究(学生毕业论文、学术会议论文),对教材再次进行了修订。

本次修订的原则是:去除个别硬伤;剔除过时的内容,更新语料;在保持原有精华内容的基础上,尽量保持各课容量的均衡,适当降低难度,以便与《中级汉语口语》(1、2和提高篇)更自然地衔接。具体来说,我们在以下方面做了修改:

1. 课文和练习:

更新了语料,删除了一些过时的内容。有的课文全部重写,如原第一册的第十三课题目"我去图书馆上网"改为"我去图书馆借书",用网上购书和寄快递的内容替换了原来过时的话题;尽量将长句改为短句,使语言更加口语化、自然化;使课文题目与课文内容相吻合;课文前或课文中的情景说明尽量简单,第一、二册增加了英译;对一些练习降低了难度。

第二册每课练习中增加了一项"每课一句",内容是体现中国文化的名言,以增强教材的趣味性。由于原来的提高篇内容较多,本次修订精简了两课,由十八课改为十六课。提高篇话题主要为社会生活内容,人物表不再适用,因此删除。第一册和第二册课数不变。

2. 语言点注释:

增加了语言点注释索引;对于用法较多的语言点,只出当课中的用法,以减轻学生的学习负担;语言点数量每课尽量均衡,有的只在练习中出现,练会即可;减少了对于初级学生有难度的语言点项目;一些词语与语言点的选择尽量考虑到语块因素,如"怎么了"。

3. 生词：

尽量增加生词在课文和练习中的重现率，减少了补充词语和难词；对于多义词语或句式，只出当课中的义项，其他义项出现时再作为新词语出现，如"送快递""送朋友"的"送"；补充词语尽量在后面的课文中作为生词出现，而且每课数量尽量均衡。

4. 插图：

删掉了一些与课文内容无关的插图，更新了过时的图片，补充了一些新图片，如快递单、高铁票等。

这次修订，是这套教材第二次修订，是我们又一次新的努力。非常感谢为此付出心血的北京大学出版社编辑沈岚女士、刘正先生，以及为这套教材提出修订意见的各位同行。非常感谢为第三版修订内容进行英文、日文和韩文翻译的萧大龙先生、薛菲女士、井冈千寻女士和刘在恩女士。我们期待修订后的教材能够继续受到教师和学生的欢迎，并能为更多喜爱汉语的外国学生打好口语基础助一臂之力。

编　者
2014 年 2 月

Foreword to the Third Edition

The second edition of *Elementary Spoken Chinese (I, II and Improvement)* has been almost published for ten years so far, reprinted many times. As authors, we are really gratified. However, with the change of society, development of language, as well as innovation on teaching philosophy, textbooks, especially language teaching textbooks are required to be updated. With the help of Peking University Press and peers, we have conducted a large scale survey on this series of textbooks from teachers on Teaching Chinese as a Second Language, suggestions and academic research (including theses and conference papers on this series of textbooks) are used as reference. Then we have revised the *Elementary Spoken Chinese (I, II and Improvement)*.

The third edition is based on the following principles: to correct mistakes; to delete the out-of-date content and update the corpus; to keep balance of the content of each lesson and reduce difficulties for smoothly connecting with *Intermediated Spoken Chinese (I, II and Improvement)*. We revised as follows:

1. Texts and exercises:

The corpus has been updated, and out-of-date contents have been deleted. For example, lesson thirteen was changed from "I'm going to the library to surf the internet" to "I'm going to the library to borrow a book". To buy and deliver books on internet replaced the original, out-of-date topic.

Long sentences are revised to be shorter sentences, so as to make the language more colloquial and natural; topics are more identical to the content of the texts; the scene descriptions in the texts are more concise, English translation is accompanied with the scene descriptions. Difficulties of some exercises are reduced.

In *Elementary Spoken Chinese II*, "One sentence a day" is added, which are from quotations indicating Chinese culture, for appealing to the students. The third edition of *Elementary Spoken Chinese (Improvement)* was reduced two lessons, from eighteen lessons to sixteen lessons. Since *Improvement* is mainly about social life, so the character sheet is not necessary, which is deleted. lessons of *Elementary Spoken Chinese I and II* remain the same.

2. Language points:

The index of language points is added. The language points are precisely interpreted the exact usage in this lesson, for students to have a good command. The amount of language points in each lesson keeps with consistent, some only occur in the exercises. Some difficult language points were removed. Language chunks, for example, "怎么了" is included in the language points.

3. Vocabulary:

The frequency of recurrence of new words in the text and exercises is increased, and the supplementary and difficult words are reduced. For multiple meanings words or patterns, only the meaning used in this lesson is discussed. The other meanings will be presented as new words, for example, "送" in "送快递" and "送朋友"; Supplementary words are also presented as new words in the later texts, and the amount of each lesson keeps balance.

4. Illustrations:

Illustrations unrelated to the texts were deleted. Outdated illustrations have been updated. Some new pictures are provided, for example, express list, high-speed rail ticket, etc.

The third edition of *Elementary Spoken Chinese (I, II and Improvement)* is our new effort. Many thanks to the editors, Ms. Shen Lan and Mr. Liu Zheng, and those advice-giving peers. In addition, we would like to sincerely thank Mr. Xiao Dalong, Ms. Xue Fei, Ms. Ioka Chihiro and Ms. Liu Zai'en for their contribution to the English, Japanese, and Korean translations. We hope this series of revised textbooks continue to be welcomed, and be very helpful to those foreign students who love the Chinese language.

Authors
February, 2014

第二版前言

《初级汉语口语》（上、下）出版七年多来，一直是颇受欢迎的教材，已重印十次。国内及海外多所院校使用，得到广泛肯定与好评。现在改版后的《初级汉语口语》（1、2和提高篇）正以全新的面貌迎接着它更多的使用者，我们衷心期待着大家的支持和指正。

改版的原因有这么三点：第一，为了进一步开掘教材的实用性、有效性和使用的广泛性；第二，紧跟对外汉语教学的发展形势，紧跟社会发展的趋势；第三，融入使用者们提出的中肯而宝贵的建议。我们对《初级汉语口语》（上、下）做了全面的修订。

改版的基本原则是：在遵循原来的编写原则的基础上，突出以人为本，以学习者为主体，从教学的需要出发，更好地进行教与学的互动。

本次改版主要涉及以下几个方面：

一、分册：由原来的两册六十课改为三册六十三课。其中第一册二十五课，新增语音教学三课；第二册二十课；初级提高篇十八课。每册均能满足大约一百五十学时的教学需要，并可根据学习者的程度，以其中任何一册为学习的起点，方便教学。

二、课文：

1. 删除由于社会生活的发展、变化而过时的话题。如：关于北京的小公共汽车的话题。删除个别不具普遍性的语言现象，如："豆包不是包子"之类。增加当前学生生活中不可缺少的上网、发邮件等话题。

2. 降低难度，突显坡度，以便更自然地与《中级汉语口语》衔接。删除一些语法难点，如一些副词的用法。更加突出汉语口语的特点，将个别的长句改为短句；将一些复杂句式、特殊句式改为简单的常用句式；减少反问句式等。

三、词语：以《汉语水平词汇与汉字等级大纲》（简称《大纲》）为准绳，进一步提高甲级词和甲级汉字的出现率，使所出现的甲级词和甲级汉字占到《大纲》的97%以上；删除了个别在初级阶段学习难度较大的乙、丙级词，删除了个别较难理解的俗语、习用语和北京话词语。一些当前生活中的常用词如"电脑""手机"等，虽然《大纲》未收，因话题的需要增加进去；词语的重现率有较大提高；附录中增加了词语总表和量词表。

四、注释：随着课文的改写和增删，个别条目也有所调整。正文力求更加简明、准确，例句降低难度，尽量使用已学过的话题和词语，减少生词和难句。

五、练习：注释过的语言现象，基本上都有练习。练习项目数量更多，形式也更生动活泼。每课练习一般不少于七项，有的多到十一二项。第一册自始至终贯穿语音和声调训练，除用所学词语外，还选用了绕口令和古代诗词，不但增加了文化色彩，而且也提高了训练的情趣。练习的参考答案附后。第二册和初级提高篇的练习，除继续进行一些简单模仿性的练习外，更多的是可自由表达和发挥的创造性练习、成段表达练习。初级提高篇每课最后增加了"说一说，笑一笑"，素材取自《健康文摘报》摘录的小笑话，根据教学需要加以改写，意在使学习者通过说笑，轻松愉快地训练口语表达能力。

六、翻译：除英文翻译外，词语部分增加了日文翻译和韩文翻译。课文、词语、注释、练习和"你知道吗？"的英文都是重新翻译的。日文翻译为岩川明子女士，韩文翻译为郑珠丽女士，课文和词语部分英文翻译为徐浣女士，第二版前言、注释、练习和"你知道吗？"为段孟华女士。

七、插图：所有插图全部是新作。课文中的插图生动、有美感。练习中的插图贴切，更有助于学习者理解题意，快速、完美地进行练习。

八、录音：为保证质量，录制了CD盘。

九、排版：新的体例、版式及双色印刷使改版后的课本从形式上也焕然一新，比第一版更加清晰、醒目。第一册各课与第二册第一至十课，每段课文同时编排汉字和拼音，第二册第十一至二十课的课文只写汉字不写拼音，汉字上标注口语的实际声调。初级提高篇中的课文全部只写汉字并标注口语的实际声调。

十、装订：为了更方便学习、阅读和查找，每册课本和附录分装两册。课本册包括课文、注释、练习和"你知道吗？"；附录册包括每课生词、练习中的补充词语、词语总表、名词量词搭配表、课文的英文翻译等。

　　本次改版的分工：第一册由李海燕主笔；第二册由刘立新主笔；初级提高篇由戴桂芙主笔。改版原则、改版大纲、改版内容等均经三人多次研讨，并数易其稿。全稿由戴桂芙审定。

　　本次改版的成功，是作者们的精诚、默契、愉快的合作结果，同时也与各方面的支持和帮助分不开。在此我们衷心感谢北京大学对外汉语教育学院领导的支持；衷心感谢所有对《初级汉语口语》第一版提出过建议和意见的老师和学生，特别要感谢北京大学对外汉语教育学院的老师们；衷心感谢为本次改版的翻译工作付出心血的四位女士；感谢插图的各位作者；还要特别感谢北京大学出版社和责任编辑郭力、沈浦娜女士；感谢审阅第二版前言英语译文的沈岚女士；感谢所有为本次改版付出劳动的朋友们！

　　此时此刻，我们特别怀念曾为《初级汉语口语》（上、下）作序的邓懿先生。她鼓励我们："为口语教学开新路""为对外汉语教学立新功！"我们缅怀邓先生的最好行动就是：再接再厉，为实现她对我们的殷切期望不懈努力！

戴桂芙　刘立新　李海燕
2003年12月于北京大学

Foreword to a Revised Edition

Elementary Spoken Chinese (*1, 2*) sold well for over seven years after publishing, and was reprinted ten times. The textbook earned a favorable comment in many universities both in China and foreign countries. Now the revised *Elementary Spoken Chinese* (*1, 2 and Improvement*) is meeting more readers with a brand-new look. Your suggestions are very much welcome.

The reasons for revision are as follows:

First, to make it more effective and applicable and can be used extensively. Second, with the development of teaching Chinese as a foreign language, it has to be kept updated. Third, the readers' pertinent and valuable suggestions are incorporated into the textbook. Thus, revision was made to the previous *Elementary Spoken Chinese* (*1, 2*).

The principle of the revision is: based on the previous compiling principle, with emphasis on the individual, which is student-centered for meeting the needs of teaching and learning.

The revisions are as follows:

First, dividing volumes: the previous textbook of 60 lessons in two volumes is changed into 63 lessons in three volumes. There are 25 lessons in volume 1, with three Phonetics lessons added; there are 20 lessons in volume 2; there are 18 lessons in volume of *Elementary Improvement*. Every volume can meet the needs of 150 teaching hours. The learner can choose the volume that suits his/her level.

Second, text:

1. The outdated topics are deleted due to the development of society. e.g. the topic of mini buses in Beijing. Some language phenomena that are not in extensive use are deleted as well, e.g. "豆包不是包子", etc. Topics regarding students' daily life are added such as access to Internet and sending Emails, etc.

2. The degree of difficulty is decreased and the learning process can be advanced step by step for using *Intermediate Spoken Chinese* smoothly. Some difficult grammar points are deleted, e.g. usages of some adverbs. Some long sentences are changed into short ones; some complex or special sentence patterns are changed into common ones, the rhetorical sentences are deleted for indicating

the characteristics of Spoken Chinese.

Third, words: *Syllabus of Chinese Words and Characters* (Syllabus in short) is used as a criterion, the frequency of the first-degree words and characters is increased, which covers more than 97% of those words in the Syllabus. Several second or third degree words and characters are deleted, which are difficult for students of elementary Chinese level. Some sayings, idioms and words of Beijing dialect are deleted as well. Some commonly-used words in daily life such as "电脑" "手机" are added, although they are not collected in the Syllabus. The repetition rate of words is greatly increased; a general vocabulary list and a table of measure words are added in the appendix.

Fourth, notes: with revision of texts, several items are adjusted as well. The text is aimed to be more concise and accurate, and the difficulty of examples is lowered as well. The topics and words that the students have learnt before are used for avoiding new words and difficult sentences.

Fifth, exercises: the language phenomena that are explained are mostly accompanied with exercises. The exercises are diversified and vivid. There are no less than seven items on the exercises, sometimes eleven or twelve items. Phonetics and tone exercises are through the beginning to the end in volume 1; the new words, tongue twister and ancient poems are selected as well for students to know about the cultural context. The key to exercises is attached afterwards. There are more expression exercises, narrative exercises in paragraph and creative exercises in volume 2 and volume of *Elementary Improvement*, except the mimic exercises in volume 1. "Discuss and have fun" is added in volume of *Elementary Improvement*, which is extracted from *Health Digest Weekly*. According to the needs of teaching and learning, some changes are made for the learners to practice their speaking skills under a happy and easy language environment.

Sixth, translation: except the English translation, Japanese and Korean translations are added. The texts, words, notes, exercises and "Do you know?" are all retranslated. The Japanese translators is Ms. Yanchuan Mingzi. The Korean translator is Ms. Zheng Zhuli. The English translation of texts and words is Ms. Xu Huan, and the English translation of the preface, notes, exercises and "Do you know?" is Ms. Duan Menghua.

Seventh, iconography: all the iconographs are newly made. They are lively and aesthetic, which are helpful for students to understand and do the exercises quickly and properly.

Eighth, recording: to guarantee the quality, the CD is available.

Ninth, typeset: new layout, format and two-color printing technology make a new look of the revised edition, which are clearer and more marked. All the lessons in volume 1 and lesson 1 to lesson 10 in volume 2 are both Chinese characters and Pinyin. Lesson 10 to lesson 20 in volume 2 is only Chinese characters without Pinyin, with tone-marks given. Texts in volume of *Elementary Improvement* are just Chinese characters, with tone-marks given as well.

Tenth, binding: For convenience of learning, reading and checking, the textbook and appendix are binding respectively. The textbook is consisted of texts, notes, exercises and "Do you know?". There are new words, complementary words of exercises, vocabulary, measure words and English translation of texts, etc. in the appendix.

The main author of volume 1 is Ms. Li Haiyan; Ms. Liu Lixin is the author of volume 2; and the volume of *Elementary Improvement* is Ms. Dai Guifu. The details of revision such as the principle, syllabus and content are discussed many times, and changes are made quite a lot. Ms. Dai Guifu has made the final revision.

The success of this revised edition is due to the authors' contributions; supports from other aspects are very much appreciated as well. Our heartfelt thanks are given to the leaders of International College for Chinese Language Studies of Peking University. Our thanks are also extended to teachers and students who have given their ideas to the previous *Elementary Spoken Chinese*, especially those teachers of International College for Chinese Language Studies of Peking University.

We are very grateful to translators, illustrators, and executive editors—Ms. Guo Li, Ms. Shen Puna and Ms. Shen Lan of this book. All the friends who are dedicated to this book are appreciated.

At this moment, Professor Deng Yi who has written the preface for this book is specially cherished. She encouraged us in the preface "Create a new approach of teaching Spoken Chinese", and "make new contributions to teach Chinese as a foreign language". The best way for us is to endeavor continuously and work harder for entertaining her expectations.

By Dai Guifu, Liu Lixin and Li Haiyan
December 2003 at Peking University

人物表

王 平： 男，中国大学生

方雪青： 女，中国人，法律系学生

刘 伟： 男，中国人，王平的朋友

张 新： 女，中国人

丽 莎： 女，德国留学生

安 妮： 女，美国留学生

山田志： 男，日本留学生

杰 夫： 男，英国留学生

彼 得： 男，法国留学生

朴志永： 男，韩国人

目 录
Contents

第一课	您贵姓？	1
第二课	便宜点儿吧	10
第三课	离这儿有多远？	19
第四课	她又聪明又用功	28
	你知道吗？（1）家庭与称谓	35
第五课	怎么了？	37
第六课	我习惯	47
第七课	天气越来越冷了	55
第八课	你会包饺子吗？	64
	你知道吗？（2）方位与文化	71
第九课	帮我修修自行车吧	73
第十课	这幅画儿真棒！	82
第十一课	有什么好电影？	89
第十二课	我还是相信"一分钱一分货"	98
	你知道吗？（3）"儿化"与语义	106
第十三课	我想给她买件礼物	108
第十四课	我最喜欢逛书店了	115
第十五课	实在对不起	123
第十六课	我该理发了	131
	你知道吗？（4）声调与语义	140

第十七课	春天来了	142
第十八课	他长什么样儿?	150
第十九课	这只是个小手术	158
第二十课	我希望	167
	你知道吗?（5）做客与待客	174

第一课 您 贵姓？
Nín guìxìng?

（一）

（在办公室 In the office）

安　妮：　请问，这是留学生办公室吗？
刘老师：　是。请进！有什么事？
安　妮：　老师，我想问问，我的学生证办好了没有？
刘老师：　你叫什么名字？
安　妮：　安妮。
刘老师：　你就是安妮？你的学生证还没办好，你明天再来取吧。
安　妮：　好的。老师，您贵姓？
刘老师：　我姓刘。
安　妮：　刘老师明天见！

Ānnī:　　　Qǐngwèn, zhè shì liúxuéshēng bàngōngshì ma?
Liú lǎoshī:　Shì. Qǐng jìn! Yǒu shénme shì?

Ānnī:	Lǎoshī, wǒ xiǎng wènwen, wǒ de xuéshēngzhèng bànhǎo le méiyǒu?
Liú lǎoshī:	Nǐ jiào shénme míngzi?
Ānnī:	Ānnī.
Liú lǎoshī:	Nǐ jiùshì Ānnī? Nǐ de xuéshēngzhèng hái méi bànhǎo, nǐ míngtiān zài lái qǔ ba.
Ānnī:	Hǎo de. Lǎoshī, nín guìxìng?
Liú lǎoshī:	Wǒ xìng Liú.
Ānnī:	Liú lǎoshī míngtiān jiàn!

（二）

（在校园里 On campus）

王 平：	杰夫、安妮，来，认识一下，这是方雪青。
杰 夫：	方雪青，你好！我叫杰夫。
安 妮：	我叫安妮，认识你很高兴。
方雪青：	你们好，认识你们，我也很高兴。你们是新来的留学生吧？
安 妮：	是啊。你是哪个系的？
方雪青：	我是法律系国际法专业的，今年一年级。
杰 夫：	（小声对王平 Whispering to Wang Ping）是女朋友吧？
王 平：	（小声对杰夫 Whispering to Jeff）哪里，女的朋友。
方雪青：	你们说什么呢？
王 平： 杰 夫：	没说什么。

Wáng Píng:	Jiéfū, Ānnī, lái, rènshi yíxià, zhè shì Fāng Xuěqīng.
Jiéfū:	Fāng Xuěqīng, nǐ hǎo! Wǒ jiào Jiéfū.
Ānnī:	Wǒ jiào Ānnī, rènshi nǐ hěn gāoxìng.
Fāng Xuěqīng:	Nǐmen hǎo, rènshi nǐmen, wǒ yě hěn gāoxìng. Nǐmen shì xīn lái de liúxuéshēng ba?
Ānnī:	Shì a. Nǐ shì něi[1] ge xì de?
Fāng Xuěqīng:	Wǒ shì fǎlǜ xì guójìfǎ zhuānyè de, jīnnián yī niánjí.
Jiéfū:	Shì nǚ péngyou ba?
Wáng Píng:	Nǎlǐ, nǚ de péngyou.
Fāng Xuěqīng:	Nǐmen shuō shénme ne?
Wáng Píng: Jiéfū:	Méi shuō shénme.

（三）

（在路上 On the way）

方雪青：安妮，你是第一次来中国吗？

安 妮：不，是第二次。两年以前，我来北京旅行过。

方雪青：来中国以前，你学了多长时间汉语？

安 妮：半年。

Fāng Xuěqīng:	Ānnī, nǐ shì dì-yī cì lái Zhōngguó ma?
Ānnī:	Bù, shì dì-èr cì. Liǎngnián yǐqián, wǒ lái Běijīng lǚxíng guo.
Fāng Xuěqīng:	Lái Zhōngguó yǐqián, nǐ xuéle duō cháng shíjiān Hànyǔ?
Ānnī:	Bàn nián.

（四）

（安妮说 Annie says）

　　今天又认识了一个新朋友，是王平介绍的。她叫方雪青，是法律系国际法专业一年级的学生，认识她我很高兴。

---

1 "哪"后面跟量词或数词加量词的时候，在口语里常常说 něi 和 nǎi，单用的 "哪" 在口语里只说 nǎ。

Jīntiān yòu rènshi le yí ge xīn péngyou, shì Wáng Píng jièshao de. Tā jiào Fāng Xuěqīng, shì fǎlǜ xì guójìfǎ zhuānyè yī niánjí de xuésheng, rènshi tā wǒ hěn gāoxìng.

注释 Notes

1. 您贵姓？

"贵"是敬辞，称与对方有关的事物，如："贵国""贵校"等等。"您贵姓"是"您姓什么"的客气说法。

"贵" is a term of respect, referring to something related to the other party, for example, "贵国""贵校" and so on. "您贵姓" is a courteous way to say "您姓什么"。

2. 我的学生证办好了没有

格式"A（了）没有"相当于"有没有A""是不是A（了）""……吗"，表示疑问与等待确认的语气。肯定的应答语是"A（了）"，否定的是"没A"或"还没A"。如：

The "A(了)没有"sentence pattern is equivalent to "有没有A""是不是A(了)""……吗", it indicates inquiry and expresses a tone of waiting for confirmation. A reply in the affirmative is "A(了)", the appropriate negation format is "没有A" or "还没A". For example:

（1）甲：饭做好了没有？
　　　乙：做好了，吃吧。
（2）甲：你去过上海没有？
　　　乙：没有去过。

3. "再"和"又"

"再"和"又"都有表示动作的重复和继续的意思，但是"再"表示未实现的，"又"用于已经实现的。如：

"再" and "又" both mean repetition and continuity of an action, but "再" refers to something unrealized; "又" refers to something realized. For example:

（1）请再说一遍。
（2）他又来了。

4. 女朋友

指与男方确定了恋爱关系的女子。如：

"女朋友" means a female who has made sure to be a male's lover. For example:

没听说他有女朋友啊，怎么已经结婚了？

5. 没说什么

这里的代词"什么"是虚指，不表示具体的含义。如下边对话中乙说的话：

The pronoun "什么" is an implicit reference, it doesn't express any particular meaning. As an example see 乙's response in the conversation below:

（1）甲：你想什么呢，怎么不说话？
　　　乙：没想什么。
（2）甲：你在看什么？
　　　乙：没看什么。

练习　Exercises

一　用正确的语调读下边的句子，注意重音
Read the following sentences in correct intonation, pay attention to the stresses

1. 我的学生证办好了没有？
2. 老师，您贵姓？
3. 认识你很高兴。
4. 你们是新来的留学生吧？
5. 你是第一次来中国吗？
6. 来中国以前，你学了多长时间汉语？
7. 今天又认识了一个新朋友。
8. 她是法律系国际法专业一年级的学生。

二　替换句中画线部分 Substitute the underlined parts

1. 我想问问，<u>我的学生证办好了没有</u>？

> 他叫什么名字
> 留学生办公室在哪儿
> 你晚上有空儿*没有
> 食堂几点关门
> 几月几号放假

2. 你们<u>是新来的留学生</u>吧？

> 来过中国
> 要去大使馆
> 习惯喝茶
> 是法国人
> 喜欢吃中国菜

3. <u>两年以前，我来北京旅行</u>过。

> 这件事我听说
> 她的男朋友我见
> 北京烤鸭*我还没吃
> 这个电影我没看
> 这个问题我没想

三 体会加点词语的意思，模仿完成对话

Make sure of the meanings of the dotted words and complete the dialogues

1. 例： 甲：她是你的女朋友吧？
   乙：哪里，女的朋友。
   （1）甲：你是第一次来中国吧？
   乙：_____。
   （2）甲：你不喜欢这个地方吗？
   乙：_____。

2. 例： 甲：你认识了一个新朋友？
   乙：对，是王平介绍的。
   （1）甲：你是怎么从机场*来学校的？是坐出租车吗？
   乙：_____。
   （2）甲：你在这儿是怎么认识第一个朋友的？
   乙：_____。

3. 例： 甲： 你们说什么呢？
       乙： 没说什么。
   （1）甲： 你在看什么呢？
        乙：_____。
   （2）甲： 你在想什么呢？
        乙：_____。

四 用"新"搭配词语，并各说一句话
Collocating words with " 新 " and make a sentence for each

1. 新朋友
2. 新老师
3. 新学生
4. 新衣服
5. 新来的
6. 新买的
7. 新学的

五 用"再"或者"又"填空 Fill in the blanks with " 再 " or " 又 "

1. 他怎么（　　）来了？
2. 那个电影真好看，我还想（　　）看一次。
3. 他现在不在，你过一会儿（　　）来吧。
4. 昨天我给朋友打电话，她不在，今天我（　　）打了一次，她还是不在。
5. 我今天没时间，明天（　　）去。

六 四人一组，表演第二段会话
Perform Dialogue 2 with four students in a group

七 熟读下面的话 Learn the following passage by heart

今天下午我去了留学生办公室，看见一位姓刘的老师。她说我的学生证已经办好了。我真高兴。

八 互问互答 Ask and answer in pairs

1. 您贵姓？
2. 你知道留学生办公室在哪儿吗？你去过吗？

3. 你是第一次来中国吗？

4. 来中国以前你学了多长时间汉语？

九 用下边的句子作开头进行成段表达
Narration in paragraph by using the following sentences to start with

1. 我来中国一个星期／月了……

2. 我认识了一位新朋友……

第一课 您贵姓？

每课一句

Hé wéi guì.
和为贵。
Harmony is prosperity.

第二课　便宜点儿吧
Piányi diǎnr ba

（一）

（在商店里 In the shop）

安　妮：　请问，哪儿可以洗照片？

店　员：　往里走，右边。

安　妮：　谢谢。

（走到洗照片处 Go to the shop of developing photos）

安　妮：　你好，我要洗照片。这是U盘，给你。

店　员：　（打开电脑 Turn on the computer）是要洗这些照片吗？

安　妮：　对，一共20张。

店　员：　洗多大的？这儿有好几种，你要洗哪一种的？

安　妮：　这种吧。

店　员：　好，您拿着这张小票，先去收银台交一下钱。

Ānnī: Qǐngwèn, nǎr kěyǐ xǐ zhàopiān?

Diànyuán: Wǎng lǐ zǒu, yòubian.

Ānnī: Xièxie.

Ānnī: Nǐ hǎo, wǒ yào xǐ zhàopiān. Zhè shì yōupán, gěi nǐ.

Diànyuán: Shì yào xǐ zhèxiē zhàopiān ma?

Ānnī: Duì, yígòng èrshí zhāng.

Diànyuán: Xǐ duō dà de? Zhèr yǒu hǎojǐ zhǒng, nǐ yào xǐ nǎ yì zhǒng de?

Ānnī: Zhè zhǒng ba.

Diànyuán: Hǎo, nín názhe zhè zhāng xiǎopiào, xiān qù shōuyíntái jiāo yíxià qián.

(二)

(在水果店 In a fruit shop)

杰　夫：请问，苹果多少钱一斤？

售货员：七块。

丽　莎：我觉得有点儿贵。

杰　夫：能不能便宜点儿？六块怎么样？

售货员：我们这儿不讲价，这苹果又大又甜，真的不贵。

杰　夫：好吧，我买一斤。

丽　莎：多买点儿吧。

杰　夫：刚才你说贵，现在花我的钱，你怎么不怕贵了？

丽　莎：那我付钱吧。

杰　夫：我在跟你开玩笑呢。（对售货员 To the salesgirl）
　　　　来两斤。

售货员：好。还要别的吗？再买点儿橘子吧？

杰　夫：不要了。

Jiéfū:　　　Qǐngwèn, píngguǒ duōshao qián yì jīn?

Shòuhuòyuán:　Qī kuài.

Lìshā:　　　Wǒ juéde yǒudiǎnr guì.

Jiéfū:　　　Néng bu néng piányi diǎnr? Liù kuài zěnmeyàng?

Shòuhuòyuán:　Wǒmen zhèr bù jiǎng jià, zhè píngguǒ yòu dà yòu tián, zhēnde bú guì.

Jiéfū:　　　Hǎo ba, wǒ mǎi yì jīn.

Lìshā:　　　Duō mǎi diǎnr ba.

Jiéfū:　　　Gāngcái nǐ shuō guì, xiànzài huā wǒ de qián, nǐ zěnme bú pà guì le?

Lìshā:　　　Nà wǒ fù qián ba.

Jiéfū:　　　Wǒ zài gēn nǐ kāi wánxiào ne.
　　　　　　Lái liǎng jīn.

Shòuhuòyuán:　Hǎo. Hái yào biéde ma? Zài mǎidiǎnr júzi ba?

Jiéfū:　　　Bú yào le.

（三）

（在冷饮店 In the cold drink shop）

丽　莎：我买杯饮料。

售货员：要哪种？

丽　莎：一杯橙汁。

售货员：大杯还是小杯？

丽　莎：小杯。

售货员：五块。

丽　莎：那种深咖啡色的是什么饮料？

售货员：那是酸梅汤。

丽　　莎：我以前没见过。
售货员：这是中国的传统饮料，可好喝了！要不要尝一尝？
丽　　莎：下次吧。

Lìshā:　　　　Wǒ mǎi bēi yǐnliào.

Shòuhuòyuán:　Yào něizhǒng?

Lìshā:　　　　Yì bēi chéngzhī.

Shòuhuòyuán:　Dà bēi háishi xiǎo bēi?

Lìshā:　　　　Xiǎo bēi.

Shòuhuòyuán:　Wǔ kuài.

Lìshā:　　　　Nà zhǒng shēn kāfēisè de shì shénme yǐnliào?

Shòuhuòyuán:　Nà shì suānméi tāng.

Lìshā:　　　　Wǒ yǐqián méi jiànguo.

Shòuhuòyuán:　Zhè shì Zhōngguó de chuántǒng yǐnliào, kě hǎohē le! Yào bu yào cháng yi cháng?

Lìshā:　　　　Xià cì ba.

（四）

（杰夫说 Jeff says）

　　在北京买东西很方便。有的地方可以讲价，也是练习口语的一种好机会。我已经会用汉语讲价了，而且讲得不错。卖东西的人常常对我说："你真厉害！"

　　Zài Běijīng mǎi dōngxi hěn fāngbiàn. Yǒude dìfang kěyǐ jiǎng jià, yě shì liànxí kǒuyǔ de yì zhǒng hǎo jīhuì. Wǒ yǐjīng huì yòng Hànyǔ jiǎng jià le, érqiě jiǎng de búcuò. Mài dōngxi de rén chángcháng duì wǒ shuō:"Nǐ zhēn lìhai!"

注　释　Notes

1. 小票

　　在大商场、购物中心付款取货时，顾客从售货柜台收到的一种凭证，通称"小票"。在一定期限内，消费者如果发现所购货物存在质量等问题，凭此小票到原售货柜台进行交涉，根据具体情况，可以享受到退货、换货、免费维修等售后服务。

"小票" is a type of receipt that is generally known as a "little ticket" from the counter at a department store or shopping center after payment. Within a certain time limit, if the customer discovers some problems of quality, etc., he/she can take this little ticket to the previous counter and negotiate. According to fact, the customer can enjoy the services after sale such as return, change, or free repairing, etc.

2. 我在跟你开玩笑呢

"开玩笑"的意思是指用言语或者行动戏弄别人。如："他喜欢开玩笑。"可以单独使用，也常用"跟"或"和"引出被开玩笑的对象。如："跟他开玩笑""跟妈妈开玩笑"。"开"和"玩笑"之间可嵌入别的词语。比如："跟妈妈开了个小玩笑"。否定式用"别开玩笑""不要开玩笑"等。

"开玩笑" means making fun of others by words or actions. For example: "他喜欢开玩笑。" It can be used alone, and can also be used with "跟" or "和" preceding the person who is made fun of, for example: "跟他开玩笑""跟妈妈开玩笑". Other words can be inserted between "开" and "玩笑". For example: "跟妈妈开了个小玩笑". Negative forms are: "别开玩笑""不要开玩笑".

3. 可好喝了

"可……了"表示程度很高，意思和"很……""非常……"相近，用于强调。如：

"可……了" means a high degree, and is used to emphasize something, similar to "很……""非常……". For example:

（1）今天可冷了。
（2）他的法语可好了。

练习 Exercises

一 用正确的语调读下边的句子
Read the following sentences in correct intonation

1. 请问，哪儿可以洗照片？
2. 这儿有好几种，你要洗哪一种的？
3. 苹果多少钱一斤？
4. 能不能便宜点儿？六块怎么样？
5. 这苹果又大又甜，真的不贵。
6. 那我付钱吧。

7. 我买杯饮料。
8. 那种深咖啡色的是什么饮料？
9. 我以前没见过。
10. 这是中国的传统饮料，可好喝了！
11. 在北京买东西很方便。

二 替换句中画线部分 Substitute the underlined parts

1. <u>这儿有</u> 好几 <u>种</u>。

   我的中国朋友有
   他已经在这儿学习了
   苹果我买了
   那个地方我去了

   位
   年
   斤
   次

2. <u>这儿有好几种</u>，你 <u>要</u>哪一种的？

   这些饮料都不错
   矿泉水*有大瓶的有小瓶的
   杂志*有中文的有英文*的
   这几种菜都挺好吃的

   喝
   买
   看
   想吃

3. <u>你</u> 先 <u>去收银台交一下钱</u>。

   我
   你
   请你
   我觉得你应该

   看看有没有我的快递
   问问他有没有时间
   回答我的问题
   给他打个电话

4. <u>苹果</u>多少钱一<u>斤</u>?

   啤酒
   饺子
   那种蓝的
   自行车
   辅导

   瓶
   两*
   件
   辆
   小时

5. 刚才你说贵，　　　　　　　　　现在花我的钱，你怎么不怕贵了。

> 他不在
> 下过雨了
> 电话没人接*
> 我看见他在和朋友聊天儿

> 可能*回来了
> 雨停了
> 你再试试
> 大概还在聊呢

三 体会加点词语的意思，模仿完成对话

Make sure of the meanings of the dotted words and complete the dialogues

1. 例： 甲：那种咖啡色的饮料叫酸梅汤。
       乙：我以前没见过。
   （1）来北京以前，你吃过北京烤鸭吗？
   （2）你看过中国电影吗？

2. 例： 甲：酸梅汤怎么样？
       乙：可好喝了！
   （1）这儿的天气怎么样？
   （2）听说你去故宫了，怎么样？

3. 例： 甲：你要不要尝尝这种饮料？
       乙：下次吧。
   （1）这个星期你有空儿吗？
   （2）什么时候考试？

四 注意下边加点词语的用法，然后用它们各说一句话

Make sure of the uses of the dotted words and make a sentence for each

1. 现在花我的钱，你怎么不怕贵了？
2. 我在跟你开玩笑呢。
3. 那种深咖啡色的是什么饮料？
4. 要不要尝一尝？

五 模拟表演第二段会话 Perform Dialogue 2

六 以杰夫的口气叙述第二段会话
Retell Dialogue 2 in the name of Jeff

"一天，我和丽莎去买水果……我跟她开了个玩笑……"

七 背诵最后一段课文 Recite the last paragraph

八 根据情景设计会话 Make up dialogues according to the following situations

1. 买水果
2. 买饮料
3. 洗照片

参考词语 Words for reference

种　买　卖　讲价　交钱　贵　便宜

九 回答问题 Answer the questions

1. 你最喜欢吃什么水果？

2. 你最喜欢用什么拍照片？

3. 你最喜欢喝什么饮料？

4. 在哪儿买东西可以讲价？你知道怎么讲价吗？你讲过价吗？

十 说说你在中国买东西的经历 Talk about your experience of shopping in China

每课一句

Zhī zú cháng lè.
知足常乐。
A contented mind is a perpetual fest.

第三课　离这儿有多远？
Lí zhèr yǒu duō yuǎn?

（一）

（在校园里 On campus）

山　田：咱们学校西边有座山，风景不错，你爬过吗？

丽　莎：没爬过，离这儿有多远？

山　田：不远，大概十多公里，骑自行车半个多小时就到了。

丽　莎：这几天天气挺好的……

山　田：所以，我想周末咱们带点儿吃的、喝的去爬山，怎么样？

丽　莎：好主意！

Shāntián:　Zánmen xuéxiào xībian yǒu zuò shān, fēngjǐng búcuò, nǐ páguo ma?

Lìshā:　Méi páguo, lí zhèr yǒu duō yuǎn?

Shāntián:　Bù yuǎn, dàgài shí duō gōnglǐ, qí zìxíngchē bàn ge duō xiǎoshí jiù dào le.

Lìshā:　Zhèi[1] jǐ tiān tiānqì tǐng hǎo de...

Shāntián:　Suǒyǐ, wǒ xiǎng zhōumò zánmen dàidiǎnr chīde, hēde qù pá shān, zěnmeyàng?

Lìshā:　Hǎo zhǔyi!

---

1 zhèi 是"这"的口语音。

（二）

（丽莎对安妮说 Lisa says to Annie）

　　学校的西边有座山，风景不错，离这儿也不远，不用打的，也不用坐公共汽车，骑自行车半个多小时就到了。山田出了个好主意，说这个周末带上吃的、喝的去爬山，你去不去？

　　Xuéxiào de xībian yǒu zuò shān, fēngjǐng búcuò, lí zhèr yě bù yuǎn, búyòng dǎ dī, yě búyòng zuò gōnggòngqìchē, qí zìxíngchē bàn ge duō xiǎoshí jiù dào le. Shāntián chū le ge hǎo zhǔyi, shuō zhèi ge zhōumò dàishang chīde、hēde qù pá shān, nǐ qù bu qù?

（三）

（在路上 On the way）

丽　莎：咱们现在是朝哪个方向走？
山　田：北。
丽　莎：你不是说山在西边吗？
山　田：是在西北方向。
丽　莎：还有多远？
山　田：不远了。你看见前边的路口了吗？从那儿往左一拐，就到了。

Lìshā:	Zánmen xiànzài shì cháo něige fāngxiàng zǒu?
Shāntián:	Běi.
Lìshā:	Nǐ bú shì shuō shān zài xībian ma?
Shāntián:	Shì zài xīběi fāngxiàng.
Lìshā:	Hái yǒu duō yuǎn?
Shāntián:	Bù yuǎn le. Nǐ kànjiàn qiánbian de lùkǒu le ma? Cóng nàr wǎng zuǒ yì guǎi, jiù dào le.

第三课 离这儿有多远？

（四）

（到了山下 At the foot of the mountain）

丽 莎：咱们把车放在这儿吧。

山 田：好，听你的。

（放好自行车 Park his bike）

别动，我在这儿给你照张相。

丽 莎：这儿的背景好吗？

山 田：好极了！我要照了，一，二，三，糟糕，没电了！我忘了充电了！

丽 莎：你这个马大哈！

山 田：没关系，我还有手机呢！

Lìshā: Zánmen bǎ chē fàngzài zhèr ba.

Shāntián: Hǎo, tīng nǐ de.

Bié dòng, wǒ zài zhèr gěi nǐ zhào zhāng xiàng.

Lìshā: Zhèr de bèijǐng hǎo ma?

Shāntián: Hǎo jíle! Wǒ yào zhào le, yī, èr, sān, zāogāo, méi diàn le! Wǒ wàngle chōng diàn le!

Lìshā: Nǐ zhèi ge mǎdàhā!

Shāntián: Méi guānxi, wǒ hái yǒu shǒujī ne!

（五）

（上课前 Before class）

山　田：丽莎，这是上次咱们一起去玩儿的照片。

丽　莎：快给我看看！

（看了一会儿 Look at for a while）

　　　　这张不错，这张也不错……只有这张不大清楚。

山　田：你挑几张你喜欢的吧。

丽　莎：都挺好的，这几张最好。你把U盘里的照片拷给我，我发给我妈妈。

山　田：好。怎么样，满意吗？

丽　莎：满意，谢谢你。

Shāntián:　　Lìshā, zhè shì shàng cì zánmen yìqǐ qù wánr de zhàopiàn.

Lìshā:　　　Kuài gěi wǒ kànkan!

　　　　　　Zhèi zhāng búcuò, zhèi zhāng yě búcuò... Zhǐ yǒu zhèi zhāng búdà qīngchu.

Shāntián:　　Nǐ tiāo jǐ zhāng nǐ xǐhuan de ba.

Lìshā:　　　Dōu tǐng hǎo de, zhè jǐ zhāng zuì hǎo. Nǐ bǎ yōupán lǐ de zhàopiàn kǎogěi wǒ, wǒ fāgěi wǒ māma.

Shāntián:　　Hǎo. Zěnmeyàng, mǎnyì ma?

Lìshā:　　　Mǎnyì, xièxie nǐ.

注　释　Notes

1. 打的

读"dǎ dī"。"的"指出租汽车。也可以说"打（一）辆的"。"的"（dī）不单独用。
Pronounced as "dǎ dī". "的" refers to a taxi. It can also be said as "打（一）辆的". "的"（dī）can't be used alone.

2. 咱们把车放在这儿吧。/ 你把U盘里的照片拷给我。

"S+把+O+V+……"格式称为"把字句"。其中介词"把"加上名词或代词构成介词宾语，在句子中充当状语。"把"字句在这里表示对已知或有定的人或事物施加一个动作，使其位置发生移动或者所属关系发生转移。"把"字句中的动词后边要带其他成分，不能只是一个光杆动词。如：

The "S+ 把 +O+V+……" format is referred to as "把字句"(把 sentence). Here the proposition "把" is followed by a noun or a pronoun to form the prepositional object, acting as the adverbial. Here a "把" sentence expresses an action affecting an already known person or object, causing a movement in its position or a change in its relationship by something or someone else. The verb in a "把" sentence must be followed by other components, there can not be a verb alone. For example :

（1）你把书放在这儿吧。（√）你把书放。（×）
（2）他把我的自行车借走了。（√）他把我的自行车借。（×）
（3）我把书借给他了。（√）我把书借。（×）

3. 听你的

意思是完全听从对方的意见或者建议。如：

"听你的" means "totally follow your opinion or suggestion". For example:

（1）甲：我们什么时候去他家？
　　乙：听你的，什么时候都行。
（2）甲：我们早点儿出发吧。
　　乙：行，听你的。

4. 马大哈

指做事马虎的人。如：

"马大哈" refers to "Scatterbrain", a careless and forgetful person. For example:

他常常丢东西，真是个马大哈。

练习 Exercises

一 读下边的句子，注意句中停顿和语调

Read the following sentences, pay attention to the intonation and pause in the sentences

1. （那座山）离这儿有多远？
2. 大概十多公里。
3. 骑自行车半个多小时就到了。
4. 咱们现在是朝哪个方向走？
5. 你看见前边的路口了吗？从那儿往左一拐，就到了。
6. 咱们把车放在这儿吧。
7. 糟糕，没电了！
8. 快给我看看！
9. 你挑几张你喜欢的吧。
10. 你把U盘里的照片拷给我，我发给我妈妈。
11. 怎么样，满意吗？

二 根据课文内容判断下边的说法是否正确

True or false according to the text

1. 学校东边有座山。
2. 丽莎他们想骑车去。
3. 丽莎给山田照了一张相。
4. 山田是个马大哈。
5. 他们照的照片都不错。

三 替换句中画线部分 Substitute the underlined parts

1. 那座山 离 这儿有多远？

教室	宿舍
你家	车站*
图书馆	餐厅*
机场	学校

2. <u>从那儿往左一拐</u>，就<u>到</u>了。

> 你尝一尝　　　知道好吃不好吃
> 再骑一会儿　　看见那座山
> 你进去看看　　知道他在不在
> 多练习　　　　不觉得难

3. <u>咱们</u>把　<u>车</u>　放在这儿吧。

> 你　　苹果　放在桌子上
> 他　　书　　还给图书馆了
> 弟弟　衣服　拿走了
> 我　　照片　发给妈妈

4. 别动，<u>我在这儿给你照张相</u>。

> 你头发*上有个东西
> 有电
> 有车
> 这些东西不是咱们的

5. 糟糕，<u>没电了</u>。

> 钥匙*不见了
> 钱包*找不到了
> 我忘了告诉小王了
> 我又来晚了

四 体会加点的短语的意思，并模仿对话

Make sure of the meanings of the dotted words and perform the dialogues

1. 甲：咱们周末去爬山怎么样？
   乙：<u>好主意</u>！

2. 甲：咱们把车放在这儿吧。
   乙：好，听你的。

3. 甲：我想打的去。
   乙：不用打的，没多远，走着去吧。

五 尽可能想出可与下边的名词搭配的动词，并将它们扩展为完整的句子
Think the verbs that can be collocated with the following nouns as many as possible, and then make a complete sentence by them

1. （　　）主意
2. （　　）的（dī）
3. （　　）照片

六 用山田的口气说说他们出去玩儿的经过
Talk about the experience of going out in the name of Yamada

七 请你回答 Answer the following questions

1. 你喜欢骑自行车出去玩吗？为什么？
2. 你爬过什么山？那儿风景怎么样？
3. 你经常照相吗？照相时，你喜欢什么背景？

八 实践：摄影展评 A practice: Comments on photos

要求：将自己最满意的照片拿出来介绍，供大家评价。

Requirements: Introduce the most satisfied pictures you have taken and ask for comments from others.

参考词语 Words for reference

背景　清楚　洗　照　风景　远　近

九 成段表达：一次开心的旅行 Narration: A happy tour

参考词语 Words for reference

爬山　风景　离　玩儿　骑车　走路　往　照相

每课一句

Sān rén xíng, bì yǒu wǒ shī.
三 人 行，必 有 我 师。
Two heads are always better than one.

第四课

Tā yòu cōngmíng yòu yònggōng
她又聪明又用功

（一）

（在校园里 On campus）

丽　莎：王平，你好！好久不见了。

王　平：是啊，好久不见了。最近忙吗？

丽　莎：还可以。你呢？忙什么呢？

王　平：我去找安妮，我们俩互相辅导呢。

丽　莎：她怎么样？

王　平：安妮又聪明又用功，进步挺快的。

丽　莎：她说最近上课老师讲的都能听懂了，但是，一到外边就听不懂了，越着急越听不懂。

王　平：我常跟她说别着急，慢慢来。

丽　莎：我也有同样的问题，不知道有什么好办法。

王　平：你急什么？你不是学得挺好吗？

丽　莎：哪里，哪里，还差得远呢。我是认真地问你呢，有什么好办法？

王　平：	办法很多，比如听录音啦、看电视啦。还有更好的，就是经常找中国人聊天儿。
丽　莎：	好啊，那我就经常找你聊吧！

Lìshā:	Wáng Píng, nǐ hǎo! Hǎojiǔ bú jiàn le.
Wáng Píng:	Shì a, hǎojiǔ bú jiàn le. Zuìjìn máng ma?
Lìshā:	Hái kěyǐ. Nǐ ne? Máng shénme ne?
Wáng Píng:	Wǒ qù zhǎo Ānnī, wǒmen liǎ hùxiāng fǔdǎo ne.
Lìshā:	Tā zěnmeyàng?
Wáng Píng:	Ānnī yòu cōngmíng yòu yònggōng, jìnbù tǐng kuài de.
Lìshā:	Tā shuō zuìjìn shàng kè lǎoshī jiǎng de dōu néng tīngdǒng le, dànshì, yí dào wàibian jiù tīng bu dǒng le, yuè zháojí yuè tīng bu dǒng.
Wáng Píng:	Wǒ cháng gēn tā shuō bié zháo jí, mànmānr lái.
Lìshā:	Wǒ yě yǒu tóngyàng de wèntí, bù zhīdao yǒu shénme hǎo bànfǎ.
Wáng Píng:	Nǐ jí shénme? Nǐ bú shì xué de tǐng hǎo ma?
Lìshā:	Nǎlǐ, nǎlǐ, hái chà de yuǎn ne. Wǒ shì rènzhēn de wèn nǐ ne. Yǒu shénme hǎo bànfǎ?
Wáng Píng:	Bànfǎ hěn duō, bǐrú tīng lùyīn la, kàn diànshì la. Hái yǒu gèng hǎo de, jiù shì jīngcháng zhǎo Zhōngguórén liáo tiānr.
Lìshā:	Hǎo a, nà wǒ jiù jīngcháng zhǎo nǐ liáo ba!

（二）

（杰夫和山田聊天 Yamada is chatting with Jeff）

杰　夫：	山田，怎么了，好像有点儿不高兴？
山　田：	这次考试我没有考好，最后两道题都回答错了。
杰　夫：	没关系，还有下次呢。
山　田：	可是下次还考不好怎么办？
杰　夫：	别担心，我的老师告诉我，要记住一句话："多听多说，不怕出错。"
山　田：	我也知道应该多听多说，但是跟中国人在一起的时候我就不会说了。
杰　夫：	我有一个办法，以后咱们俩一起复习，好不好？
山　田：	你真好。

Jiéfū:	Shāntián, zěnme le, hǎoxiàng yǒudiǎnr bù gāoxìng?
Shāntián:	Zhè cì kǎoshì wǒ méiyǒu kǎohǎo, zuìhòu liǎng dào tí dōu huídá cuò le.
Jiéfū:	Méi guānxi, háiyǒu xià cì ne.
Shāntián:	Kěshì xià cì hái kǎo bu hǎo zěnmebàn?
Jiéfū:	Bié dān xīn, wǒ de lǎoshī gàosu wǒ, yào jìzhù yí jù huà: "Duō tīng duō shuō, bú pà chū cuò."
Shāntián:	Wǒ yě zhīdào yīnggāi duō tīng duō shuō, dànshì gēn Zhōngguórén zài yìqǐ de shíhou, wǒ jiù bú huì shuō le.
Jiéfū:	Wǒ yǒu yí ge bànfǎ, yǐhòu zánmen liǎ yìqǐ fùxí, hǎo bu hǎo?
Shāntián:	Nǐ zhēn hǎo.

(三)

(山田说 Yamada says)

我非常喜欢汉语,可是汉语不喜欢我,学汉语太难了。我每天努力学习,可是很多东西今天学了,明天又忘了。杰夫要和我一起复习,我知道他是想帮助我。他真是我的好朋友。我要加油!

Wǒ fēicháng xǐhuan Hànyǔ, kěshì Hànyǔ bù xǐhuan wǒ, xué Hànyǔ tài nán le. Wǒ měitiān nǔlì xuéxí, kěshì hěn duō dōngxi jīntiān xué le, míngtiān yòu wàng le. Jiéfū yào hé wǒ yìqǐ fùxí, wǒ zhīdào tā shì xiǎng bāngzhù wǒ. Tā zhēn shì wǒ de hǎo péngyou. Wǒ yào jiā yóu!

注 释 Notes

1. 你急什么

"什么"放在动词或形容词后面表示不应该或没必要那样说或那样做。"你急什么"的意思是"不要着急"。再如:"你笑什么?"意思是"没有值得你笑的""你别笑"。"漂亮什么"就是"不漂亮"。又如:

"什么" follows a verb or an adjective, meaning "should not or need not do that or say that." "你急什么" means "不要着急" (Don't worry.) For example: "你笑什么?" means "没有值得你笑的" (There's nothing to laugh at.) "你别笑" (Stop laughing.) "漂亮什么" means "不漂亮" (not so pretty). Another example:

甲:"那天我用了你几张纸,现在还(huán, return)给你吧。"
乙:"你太客气了,几张纸,还什么呀!"

2. 越着急越听不懂

"越 A 越 B"的句式表示在程度上 B 随 A 的提高而提高。如:
The sentence pattern"越 A 越 B"indicates the degree of B is increased with the improvement of A. For example:

(1)我越看越喜欢。
(2)我越想越生气。

3. 表示列举或举例子的句式 Sentence patterns for listing or giving examples

(1)比如
举例子时的发语词。如:
The word is used at the beginning for giving examples, for example:
我的房间里有很多电器,比如:电视、洗衣机什么的。

(2)……啦……啦
用在列举的成分后面,可以有多项。如:
The word "啦" follows each element listed, and there can be many items. For example:
苹果啦,橘子啦,葡萄啦,我都喜欢吃。

4. 加油

原意是给汽车加油,这里是"进一步努力""加劲儿"的意思。"加油"还有另一个意思:在各种比赛过程中,常作为一句口号为参赛者鼓劲儿。

The original meaning is "adding gas to the car". Here indicates stepping up one's effort or adding drive. It has another meaning: during the process of all kinds of games, it often becomes a slogan to cheer up the participants.

练习 Exercises

一 用正确的语调读下边的句子,注意重音
Read the following sentences, and pay attention to the stresses

1. 好久不见了。最近忙吗?
2. 安妮又聪明又用功。
3. 她说最近上课老师讲的都能听懂了,但是,一到外边就听不懂了。

4. 我也有同样的问题。

5. 哪里，哪里，还差得远呢。

6. 怎么了，好像有点儿不高兴？

7. 多听多说，不怕出错。

8. 以后咱们俩一起复习，好不好？

9. 我要加油！

二 替换句中画线部分 Substitute the underlined parts

1. 安妮 又聪明 又用功。

   西瓜*　　　　　大　　　　甜
   这儿的水果　　便宜　　　好
   这件衣服　　　瘦　　　　短
   听说这件事以后我　着急　　生气*

2. 一到外边就听不懂了。

   说话　　笑
   高兴　　唱歌
   到周末　骑车出去玩
   写　　　错

3. 越着急越听不懂。

   想　　　怕
   看　　　喜欢
   着急　　出错
   想睡　　睡不着

4. 我也有同样的问题。

   字典*
   习惯
   办法
   打算

5. 办法很多，比如听录音啦、看电视啦。

   他去过很多地方　　　　四川、广州、云南
   他会做不少中国菜　　　鱼香肉丝、香菇菜心*
   我想去很多国家旅行　　法国、日本、英国
   我喜欢的颜色很多　　　白色、红色和蓝色

三 体会加点的短语的意思，并模仿对话
Make sure of the meanings of the dotted words and perform the dialogues

1. 甲：你学得不是挺好吗？
   乙：哪里，哪里，还差得远呢。

2. 甲：学好汉语的办法很多，比如听录音啦、看电视啦。还有就是经常找中国人聊天儿。
   乙：那我就经常找你聊吧。

3. 甲：有什么学汉语的好办法？快告诉我。
   乙：你急什么？你不是学得挺好吗？

四 得体应答 Answer the questions properly

1. 好久不见了！
   _____。

2. 最近忙吗？
   _____。

3. 你汉语说得不是挺好吗？
   _____。

五 体会下边各句中"什么"的用法，并用正确的语调读下边各句
Make sure of the following uses of "什么" in each sentence, and read the sentences in correct intonation

1. 你叫什么名字？
2. 我饿*了，有什么吃的？
3. 他俩好像在笑什么。
4. 你笑什么？有什么好笑的？
5. 时间还早呢，你急什么呀！
6. 中午想吃点儿什么？

六 用下边的词语各说一句话
Make a sentence with each of the following words

1. 互相
2. 进步

3. 慢慢来
4. 加油

七 读下边的四组对话，然后谈一谈：在你们国家人们听到别人夸奖时一般怎么应答？
Read the following four dialogues and then discuss: what responses will be given in your country to the compliment from others?

1. 甲：你的汉字写得真好！
   乙：哪里哪里。
2. 甲：你的衣服真漂亮！
   乙：谢谢！
3. 甲：你的发音真不错！
   乙：我的老师也说我的发音比以前好多了。
4. 甲：你的女儿真漂亮！
   乙：你的孩子也挺可爱。

八 讨论：学汉语的好办法 Discussion: Good ways to learn Chinese

参考用语 Words for reference
辅导　进步　比如　聊天儿　懂　慢慢来　只要……就……

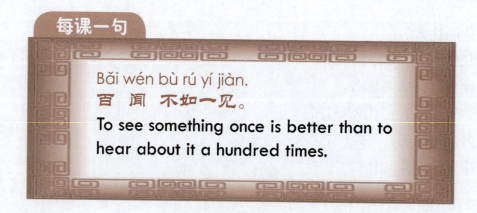

你知道吗？ Do You Know? (1)

家庭与称谓

中国人的家庭现在和过去相比，发生了较大的变化。

按照传统，中国人喜欢大家庭，祖孙三代、四代一起生活，家务事都由妇女承担。现在已很少有这种大家庭了。儿女一旦结婚，一个新家庭就诞生了。因为夫妻都工作，所以洗衣、买菜、做饭、教育子女等家务事自然就由夫妻共同承担，并且还要利用节假日或者定期去看望和照顾双方的老人。

中国人的亲属称谓比较复杂，我们把家庭中亲属之间的关系与称谓用以下的简表来表示，它可以帮助你了解一些最基本的称谓。

Family and Terms of Address

Compared to the past, great changes have been taken in the Chinese family.

Chinese people prefer a big family traditionally, which are three or four generations living together. The women usually undertake most of the household duties. However, there is very rare of this type of family nowadays. As soon as a son or a daughter gets married, a new family is emerged. Since both husband and wife have to work, they normally have to share the household duties such as washing, shopping, cooking and rearing children, and they also have to take care of their paternal and maternal parents during their holidays or at regular time. Chinese terms of addressing relatives are quite complicated. The relationship in a family is shown in the following diagram for helping your understanding.

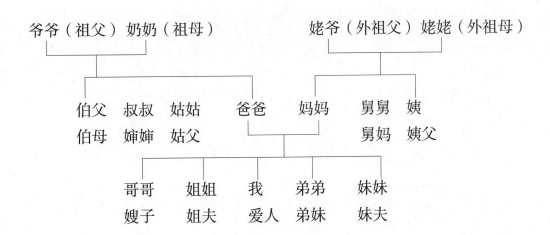

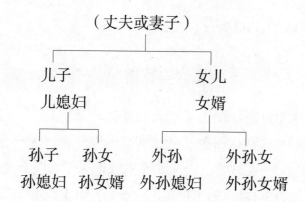

第五课 怎么了？ Zěnme le?

(一)

（在宿舍 In the dormitory）

王　平：杰夫，周末咱们俩骑车出去玩玩儿，好吧？
杰　夫：好是好，可是我去不了了。
王　平：怎么了？你有事吗？
杰　夫：别提了，真倒霉，我的自行车丢了。
王　平：怎么丢的？你是不是忘了锁车了？
杰　夫：没有啊。我锁得好好儿的，你看，钥匙还在我手里呢。肯定是被人偷了。
王　平：别着急，咱们再好好儿找找。
杰　夫：不用了，我都找过几遍了，肯定是丢了。
王　平："旧的不去，新的不来"，再买一辆吧。

Wáng Píng:　Jiéfū, zhōumò zánmen liǎ qí chē chūqu wánwānr, hǎo ba?
Jiéfū:　Hǎo shi hǎo, kěshì wǒ qù bu liǎo le.
Wáng Píng:　Zěnme le? Nǐ yǒu shì ma?

Jiéfū:	Bié tí le, zhēn dǎoméi, wǒ de zìxíngchē diū le.
Wáng Píng:	Zěnme diū de? Nǐ shì bu shì wàngle suǒ chē le?
Jiéfū:	Méiyǒu a. Wǒ suǒ de hǎohāor de, nǐ kàn, yàoshi hái zài wǒ shǒu li ne. Kěndìng shì bèi rén tōu le.
Wáng Píng:	Bié zháojí, zánmen zài hǎohāor zhǎozhao.
Jiéfū:	Búyòng le, wǒ dōu zhǎoguo jǐ biàn le, kànlái kěndìng shì diū le.
Wáng Píng:	"Jiù de bú qù, xīn de bù lái", zài mǎi yí liàng ba.

(二)

（两天以后，在路上，王平看见杰夫骑着自行车 Two days later, Wang Ping sees Jeff riding a bicycle on the road）

王　平：　杰夫，你的车不是丢了吗？

杰　夫：　没丢。那天我去商店，把车放在外边，出来的时候，光顾和一个朋友聊天儿，忘了把车骑回来了。

王　平：　你这个马大哈！

Wáng Píng:	Jiéfū, nǐ de chē búshi diūle ma?
Jiéfū:	Méi diū. Nèi¹ tiān wǒ qù shāngdiàn, bǎ chē fàng zài wàibian, chūlai de shíhou, guāng gù hé yí ge péngyou liáo tiānr, wàngle bǎ chē qí huílai le.
Wáng Píng:	Nǐ zhèi ge mǎdàhā!

(三)

（下课后 After class）

丽　莎：　快到圣诞节了，不知道咱们放不放假。

杰　夫：　可能不放，因为中国没有过圣诞节的习惯。

彼　得：　那是以前，现在不一定了吧。

丽　莎：　要是不放假，就回不了家了。

杰　夫：　没关系，咱们大家在一起开个晚会，也挺热闹的。

安　妮：　彼得，你的女朋友不是也想来中国看看吗？让她来中国过圣诞节，

---

1 在口语里，"那"单用或者后面直接跟名词，说 nà 或 nè；"那"后面跟量词或数词加量词时常常说 nèi 或 nè。

	就更热闹了。
彼　得：	别提她了，我们俩已经吹了。
安　妮：	啊？抱歉，抱歉，我不知道……
彼　得：	没什么，没什么。

Lìshā:　Kuài dào Shèngdànjié le, bù zhīdào zánmen fàng bu fàng jià.

Jiéfū:　Kěnéng bú fàng, yīnwèi Zhōngguó méiyǒu guò Shèngdànjié de xíguàn.

Bǐdé:　Nà shì yǐqián, xiànzài bù yídìng le ba.

Lìshā:　Yàoshi bú fàng jià, jiù huí bu liǎo jiā le.

Jiéfū:　Méi guānxi, zánmen dàjiā zài yìqǐ kāi ge wǎnhuì, yě tǐng rènao de.

Ānnī:　Bǐdé, nǐ de nǚ péngyou bú shì yě xiǎng lái Zhōngguó kànkan ma? Ràng tā lái Zhōngguó guò Shèngdànjié, jiù gèng rènao le.

Bǐdé:　Bié tí tā le, wǒmen liǎ yǐjīng chuī le.

Ānnī:　Ǎ? Bàoqiàn, bàoqiàn, wǒ bù zhīdào...

Bǐdé:　Méi shénme, méi shénme.

（四）

（王平给安妮打电话 Wang Ping calls Annie）

　　安妮，真对不起，明天我有点儿事，所以下午不能给你辅导了。你看后天下午怎么样？……对，后天下午，行吗？你方便不方便？……方便？好，那就后天下午见？再见！

　　Ānnī, zhēn duìbuqǐ, míngtiān wǒ yǒudiǎnr shì, suǒyǐ xiàwǔ bù néng gěi nǐ fǔdǎo le. Nǐ kàn hòutiān xiàwǔ, zěnmeyàng? Duì, hòutiān xiàwǔ, xíng ma? Nǐ fāngbiàn bu fāngbiàn? ... Fāngbiàn? Hǎo, nà jiù hòutiān xiàwǔ jiàn? Zàijiàn!

注释　Notes

1. 好**是**好，**可是**我去不了了。

　　意思是"虽然……但是……"，重点在于后者。如：

It means "虽然……但是……", with emphasis on the latter. For example:
这件衣服漂亮是漂亮，可是太贵了。

2. 我去不了 / 回不了家了

动词后边加"不了"，表示没有能力或客观上没有条件或没有可能做某事。肯定形式是"V得了"。如：

Adding "不了" after a verb expresses inability/lacking the necessary physical conditions / impossibility of fulfilling a task. The affirmative form is "V 得了", for example:

（1）我病了，上不了课了。
（2）他有课，参加不了比赛晚会。

3. 别提她了 / 别提了

"提"的意思是"谈起，说起"。"别提了"就是"不要说那件事情了"，对某事表示不满意，不想谈到那件事时用。"提"的后面，也可出现不想谈到的那件事物。如：

"提" means "谈起，说起" (mention, talk of). "别提了" means "不要说那件事情了" (Don't mention it). Used to express the unhappy feelings about something and the reluctance to be reminded of it. For example:

（1）甲："昨天考试考得怎么样？"
　　乙："唉，别提了，考得糟糕极了。"
（2）甲："你的自行车呢？"
　　乙："别提它了，被人偷了。"

4. 肯定是被人偷了

"被"用于被动句，引进动作的发出者。前面的主语是动作的受动者。动词的后面多有表示完成或结果的词语，或者动词本身包含此类成分。如：

"被" is used in a passive voice, preceding the agent of the action. The subject of the sentence is the receiver of the action. The verb followed by "被" is normally the verb of accomplishment or result, or the verb that implies the similar meaning. For example:

（1）我的自行车被我弟弟骑走了。
（2）钱包被小偷偷了。

5. "旧的不去，新的不来"

是一句俗语，意思是"旧的东西还存在的话，新的东西就不出现"。在旧的东西丢失了等情况之下，常用来表示安慰。如：

An old saying, it means, "If the old things remain still, the new things will not emerge." It's often used for comforting somebody when something is lost. For example:

甲："我的手表又丢了。"
乙："再买块新的吧,旧的不去新的不来嘛!"

6. 光顾和一个朋友聊天儿,忘了把车骑回来了。

"光顾"也说"只顾",意思是"只专心注意",用在解释原因的第一小句之首或主语之后。如:

"光顾" or "只顾", means "only concentrating on", which is used at the beginning of a minor clause of explaining reasons, or is used after the subject. For example:

（1）甲："我叫你呢,你怎么不答应？"
　　　乙："真对不起,我光顾听音乐了,没听见你叫我。"
（2）我们俩光顾聊天儿了,上课时间到了,我们都不知道。

练习　Exercises

一 用正确的语调读下边的句子 Read the following sentences in correct intonation

1. 周末咱们俩骑车出去玩玩儿,好吧?
2. 别提了。
3. 真倒霉,我的自行车丢了。
4. 旧的不去,新的不来。
5. 圣诞节可能不放假,因为中国没有过圣诞节的习惯。
6. 要是不放假,就回不了家了。
7. 抱歉,抱歉,我不知道……
8. 你看后天下午怎么样?
9. 你方便不方便?

二 说出加点短语或句子的意思

Tell the meanings of the dotted expressions or sentences

1. "旧的不去,新的不来",再买一辆吧。
2. 要是不放假,就回不了家了。
3. 别提她了,我们俩已经吹了。

三 替换画线部分的词语，并将句子补充完整
Substitute the underlined parts and complete the sentences

1. <u>好</u> 是 <u>好</u>，可是 <u>我去不了</u>。→你的主意好是好，可是我去不了。

漂亮	漂亮	太贵了
喜欢	喜欢	不能天天喝
麻烦	麻烦	我不怕
想去	想去	没时间

2. <u>好是好，可是我去</u>不了。→你的主意好是好，可是我去不了，因为我的自行车丢了。

   这个菜太辣，我吃
   他病*了，今天来
   路太远，可是时间短，我去
   汉语水平不高的人，法律专业学

3. 肯定<u>是被人偷了</u>。→自行车找了三天都没找到，肯定是被人偷了。

   晚了
   不在家
   不喜欢这种颜色
   不想骑车去

4. 被<u>人偷了</u>。→真倒霉，我的自行车被人偷了。

   朋友借走了
   哥哥卖了
   我丢了
   用过了

5. 要是不放假,就回不了家了。→不知道圣诞节放不放假,要是不放假,就回不了家了。

> 不舒服　　好好儿休息休息
> 不努力　　学不会
> 想家　　　睡不好觉
> 太麻烦　　不要做了

四 读对话,注意加点短语的用法,然后完成后边的对话
Read the examples, pay attention to the dotted expressions, and then complete the following dialogues

1. 例： 甲： 咱们骑车出去玩玩儿,好吧?
   乙： 好是好,可是我去不了了。
   （1）甲： 这条裤子挺漂亮的。
   　　 乙：_____。
   （2）甲： 这种水果挺新鲜的。
   　　 乙：_____。

2. 例： 甲： 你怎么了?
   乙： 别提了,我的自行车丢了。
   （1）甲： 小王,考得怎么样?一定不错吧?
   　　 乙：_____。
   （2）甲： 听说昨天你买了很多好东西?
   　　 乙：_____。

3. 例： 甲： 你是不是忘了锁车了?
   乙： 没有啊,我锁得好好儿的。你看,钥匙还在我手里呢!
   （1）甲： 小王是不是已经回家了?
   　　 乙：_____。
   （2）甲： 你刚才对他说什么不好的话了吧,他那么不高兴?
   　　 乙：_____。

4. 例： 甲： 咱们下楼再好好儿找找。
   乙： 不用了,我都找过几遍了,连个影子也没有。

（1）甲：我帮你拿着吧。
　　　乙：＿＿＿＿＿＿＿＿＿＿＿＿＿＿＿＿＿＿＿＿＿＿＿。

（2）甲：喝点儿什么？我这儿有茶，有咖啡。
　　　乙：＿＿＿＿＿＿＿＿＿＿＿＿＿＿＿＿＿＿＿＿＿＿＿。

5. 例：甲：你的自行车不是丢了吗？怎么又回来了？
　　　乙：那天我光顾和朋友聊天儿，忘了把车骑回来。

（1）甲：到站了，你怎么不下车？
　　　乙：＿＿＿＿＿＿＿＿＿＿＿＿＿＿＿＿＿＿＿＿＿＿＿。

（2）甲：你怎么还不去吃饭？
　　　乙：＿＿＿＿＿＿＿＿＿＿＿＿＿＿＿＿＿＿＿＿＿＿＿。

6. 例：甲：圣诞节可能不放假，因为中国没有过圣诞节的习惯。
　　　乙：那是以前，现在不一定了吧。

（1）甲：听说这家饭馆很便宜，三十块钱就能吃得很好。
　　　乙：＿＿＿＿＿＿＿＿＿＿＿＿＿＿＿＿＿＿＿＿＿＿＿。

（2）甲：早点儿去机场吧，听说路上得要两个小时。
　　　乙：＿＿＿＿＿＿＿＿＿＿＿＿＿＿＿＿＿＿＿＿＿＿＿。

五　表演下边的对话 Perform the following dialogue

甲：请问王先生在家吗？
乙：不在，他刚出去。
甲：麻烦您告诉他，请他给我回个电话，我叫方雪青。
乙：他知道你的电话号码吗？
甲：我写一下，你交给他吧。对不起，可以借一下纸*和笔*吗？
乙：有啊，请进来写吧。
甲：麻烦您了。
乙：别客气。

六　选用所给词语进行情景会话

Perform the situational dialogues by using the following words and expressions

怎么了　别提了　因为　所以　可是　不方便　抱歉
不好意思　　没什么

1. 寒假打算和朋友一块儿去旅行，可是去不了了，希望朋友原谅*。

2. 约好参加一个晚会，可是有急事不能去了，打电话说对不起。
3. 你骑车摔倒*了，有人把你扶*起来，你感谢*他。

七　成段表达 Narration

1. 一件倒霉的事。
2. 圣诞节我们想这样过……

每课一句

Jiā hé wàn shì xīng.
家和万事兴。
A harmonious family will prosper.

第六课　我习惯……
Wǒ xíguàn

（一）

（中午，杰夫去王平的宿舍 Noon, Jeff goes to Wang Ping's dormitory）

杰　夫：　都一点了，你怎么还在睡觉？

王　平：　我习惯午饭以后休息一会儿，这叫"午睡"。

杰　夫：　是吗？真对不起，打扰了。

王　平：　没事儿，快请坐。

杰　夫：　这个星期六要是你有空儿，到我那儿去坐坐好吗？我有很多问题要请教你。

王　平：　不敢当，随便聊聊吧。上午我都有空儿，我八点去，行吗？

杰　夫：　八点？太早了，我还在睡觉呢。

王　平：　八点早吗？我每天六点半就起床了。

杰　夫：　起那么早干什么呢？

王　平：	出去跑跑步，锻炼锻炼身体。

Jiéfū:	Dōu yī diǎn le, nǐ zěnme hái zài shuìjiào?
Wáng Píng:	Wǒ xíguàn wǔfàn yǐhòu xiūxi yíhuìr, zhè jiào "wǔshuì".
Jiéfū:	Shì ma? Zhēn duìbuqǐ, dǎrǎo le.
Wáng Píng:	Méi shìr, kuài qǐng zuò.
Jiéfū:	Zhèi ge xīngqīliù yàoshi nǐ yǒu kòngr, dào wǒ nàr qù zuòzuo hǎo ma? Wǒ yǒu hěn duō wèntí yào qǐngjiào nǐ.
Wáng Píng:	Bù gǎndāng, suíbiàn liáoliao ba. Shàngwǔ wǒ dōu yǒu kòngr, wǒ bā diǎn qù, xíng ma?
Jiéfū:	Bā diǎn? Tài zǎo le, wǒ hái zài shuì jiào ne.
Wáng Píng:	Bā diǎn zǎo ma? Wǒ měitiān liù diǎn bàn jiù qǐ chuáng le.
Jiéfū:	Qǐ nàme zǎo gàn shénme ne?
Wáng Píng:	Chūqu pǎopao bù, duànlian duànlian shēntǐ.

（二）

（杰夫对彼得说 Jeff says to Peter）

我听王平说，有些中国人有一个习惯，他们吃完午饭喜欢睡一会儿。我不习惯午睡，中午我喜欢打球。王平说他每天早上六点半就起床，太早了！我起不来。我喜欢睡懒觉。睡懒觉多舒服啊！

Wǒ tīng Wáng Píng shuō, yǒuxiē Zhōngguórén yǒu yí ge xíguàn, tāmen chīwán wǔfàn xǐhuan shuì yíhuìr. Wǒ bù xíguàn wǔshuì, zhōngwǔ wǒ xǐhuan dǎ qiú. Wáng Píng shuō tā měi tiān zǎoshang liù diǎn bàn jiù qǐ chuáng, tài zǎo le! Wǒ qǐ bu lái. Wǒ xǐhuan shuì lǎn jiào. Shuì lǎn jiào duō shūfu a!

（三）

（在饭馆里 In the restaurant）

王　平：喜欢吃什么菜？你随便点，今天我请客。
丽　莎：那我就不客气了。我爱吃辣的，来个辣子鸡丁吧。
王　平：这儿的麻婆豆腐最有名，要辣的，不如来个麻婆豆腐。
丽　莎：你刚才说的这个菜叫什么名字？我还没吃过。

王　平：麻－婆－豆－腐。

Wáng Píng: Xǐhuan chī shénme cài? Nǐ suíbiàn diǎn, jīntiān wǒ qǐng kè.
Lìshā Nà wǒ jiù bú kèqi le. Wǒ ài chī là de, lái ge làzi-jīdīng ba.
Wáng Píng: Zhèr de mápó-dòufu zuì yǒumíng, yào là de, bùrú lái ge mápó-dòufu.
Lìshā: Nǐ gāngcái shuō de zhè ge cài jiào shénme míngzi? Wǒ hái méi chīguo.
Wáng Píng: Má-pó-dòu-fu.

（四）

（点菜后，服务员上菜 After ordering, the dishes are served）

王　平：　请吧。
丽　莎：　（吃了一口 After tasting）怎么这么辣呀？
王　平：　这是川菜，四川人爱吃辣的。
丽　莎：　那别的地方的人呢？
王　平：　北方人爱吃咸的，南方人爱吃甜的，山东人也爱吃辣的，山西人爱吃酸的。这就是：南甜北咸，东辣西酸。
丽　莎：　真有意思。每个地方有每个地方的习惯。可是，四川不在东边啊。
王　平：　四川的辣是辣椒的辣，山东的辣是大葱的辣。
丽　莎：　原来是这样！

Wáng Píng: Qǐng ba.
Lìshā: Zěnme zhème là ya?
Wáng Píng: Zhè shì Chuāncài, Sìchuān rén ài chī là de.
Lìshā: Nà biéde dìfang de rén ne?
Wáng Píng: Běifāng rén ài chī xián de, nánfāng rén ài chī tián de, Shāndōng rén yě ài chī là de, Shānxī rén ài chī suān de. Zhè jiù shì: Nán tián běi xián, dōng là xī suān.
Lìshā: Zhēn yǒu yìsi. Měi ge dìfang yǒu měi ge dìfang de xíguàn. Kěshì, Sìchuān bú zài dōngbian a.
Wáng Píng: Sìchuān de là shì làjiāo de là, Shāndōng de là shì dàcōng de là.
Lìshā: Yuánlái shì zhèyàng!

注 释 Notes

1. 没事儿

意思是"不要紧，没关系"，如：
Means "Never mind." "It's nothing", for example:
甲："用一下你的词典行吗？"
乙："没事儿，用吧！"
对方表示感谢或道歉时，也可以用"没事儿"来回答。如：
It can also be used in reply to someone's thanks or an apology. For example:
甲："问了这么多问题，给您添麻烦了。"
乙："没事儿，欢迎你有空儿再来。"

2. 不敢当

谦辞，对方热情地招待或夸奖时，表示自己承当不起。如：
Humble words, which is used in reply to a warm reception or a compliment. For example:
（1）您这样热情地招待，真是不敢当。
（2）甲："你的学习比我好，你就是我的老师。"
　　　乙："哪里，不敢当。"

3. 随便聊聊吧

表示不加限制，选择什么、怎么决定都可以。当对方问到自己的意见，自己不想做选择时，常用"随便"来回答。如：
To make a choice or decision freely. "随便" is often used in response to a question asking for an opinion or a choice which has to be made. For example:
（1）甲：你吃点儿什么？
　　　乙：随便。
（2）甲：你喝点儿什么？
　　　乙：随便。
"随便"之间可以加入指代决定、选择一方的词语"你、他"等。如：
Pronouns（such as "你" and "他", etc.）can be used between "随" and "便". For example：
甲："咱们什么时候去？"
乙："随你的便。"
"随便"后也可加入动词，如：
Verbs can also follow "随便", for example:
（1）你们随便吃，别客气。

（2）这些杂志随便借。
（3）你随便什么时候来都行。

4. 起得来 / 起不来

"起"指"起床"，也说"起来"。"起"后加可能补语的标志"得/不"表示可能性。"起得来"是肯定式，意思是"能起来"；"起不来"是否定式，意思是"不能起来"。如：

"起" or "起来" indicates get up or get out of bed. The word "起" is followed by the potential complement "得" or "不"。"起得来" is the affirmative form, meaning "be able to get up"；"起不来" is the negative form, meaning "be unable to get up". For example:

（1）早上五点出发，太早了，我起不来。
（2）甲："六点半，你起得来起不来？"
　　　乙："起得来。"

5. 睡懒觉

早上起床很晚，或躺在床上不起来，是"睡懒觉"。如：

"睡懒觉" means "to get up very late or to stay in bed awake". For example:

（1）早上应该早一点儿起床，别睡懒觉。
（2）明天是星期天，没有课，可以睡（个）懒觉。

6. 要辣的，不如来个麻婆豆腐

表示比较，"不如"前面提到的人或事没有后面提到的好。如：

Used to make a comparison, the person or thing preceding "不如" is not as good as the person or thing following "不如". For example:

（1）小张的学习不如小王。（小王的学习比小张好）
（2）我一个人去有点儿害怕，不如你陪我一起去吧。（你陪我去好）

练习 Exercises

一 用正确的语调读下边的句子 Read the following sentences in correct intonation

1. 都一点了，你怎么还在睡觉？
2. 真对不起，打扰了。
3. 这个星期六要是你有空儿，到我那儿去坐坐好吗？
4. 我喜欢睡懒觉，睡懒觉多舒服啊！

5. 你随便点，今天我请客。
6. 那我就不客气了。
7. 原来是这样！

二 读下边的句子，注意重音、停顿不同，含义不同
Read the following sentences, pay attention to the differences of stress, pause and meaning

1. 他<u>不知道</u>这件事。
   <u>他</u>不知道这件事。
   他不知道<u>这件事</u>。
2. <u>这儿</u>的麻婆豆腐最有名。
   这儿的<u>麻婆豆腐</u>最有名。
   这儿的麻婆豆腐<u>最</u>有名。
3. <u>今天</u>我请客。
   今天<u>我</u>请客。
   今天我<u>请客</u>。

三 替换句中画线部分 Substitute the underlined parts

1. 随便<u>聊聊</u>吧。　　2. 这儿的<u>麻婆豆腐</u>最有名。

看看
谈谈*
逛逛
唱唱

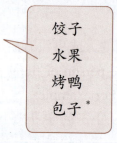

饺子
水果
烤鸭
包子*

3. <u>要辣子鸡丁</u>不如<u>来个麻婆豆腐</u>。

买蓝的　　买黑的
去你家　　去我们家
住在北方　住在南方
坐公共汽车去　骑自行车去

四 体会加点短语的用法，模仿例句进行对话

Make sure of the meanings of the dotted expressions, and perform dialogues as the examples

1. 甲：真对不起，打扰了。
   乙：没事儿，快请坐。

2. 甲：我有很多问题要请教你。
   乙：不敢当，随便聊聊吧！

五 下边的几种说法是否与课文原意相符

Are the following statements true according to the text

1. 都一点了，王平还在睡懒觉。
2. 杰夫一般早上六点起床去跑步。
3. 丽莎今天请客。
4. 丽莎没吃过麻婆豆腐。
5. "南咸北甜，西辣东酸"，每个地方有每个地方的习惯。

六 解释意思 Explain the meanings

1. 午睡
2. 睡懒觉
3. 起不来
4. 南甜北咸，东辣西酸
5. 请客
6. 不敢当

七 得体应答 Give a proper answer

1. 甲：真对不起，打扰你午休*了。
   乙：＿＿＿＿＿＿＿＿＿＿＿＿＿＿＿＿＿＿＿＿＿＿＿＿＿＿＿＿＿＿＿。

2. 甲：我有很多问题要请教你。
   乙：＿＿＿＿＿＿＿＿＿＿＿＿＿＿＿＿＿＿＿＿＿＿＿＿＿＿＿＿＿＿＿。

3. 甲：你随便点吧，今天我请客。
   乙：＿＿＿＿＿＿＿＿＿＿＿＿＿＿＿＿＿＿＿＿＿＿＿＿＿＿＿＿＿＿＿。

八　请你说一说 Talk about the following subjects

1. 你一般怎么安排一天的时间？
2. 你有午睡的习惯吗？
3. 你喜欢什么活动*？你喜欢跑步吗？为什么？
4. 你知道哪些中国菜？你最爱吃什么味道的菜？
5. 你和朋友一起去饭馆吃饭，一般谁付钱？

九　小讨论：中国有句俗语是"萝卜*白菜*，各*有所*爱"，你知道它的意思吗？说说你的看法。

Discussion: There is a Chinese old saying: "萝卜白菜，各有所爱". Do you know its meaning? Talk about your opinion.

十　成段表达：介绍一个有关你们国家生活和饮食方面的习惯。

Make an oral composition: Introduce the custom of diet or life in your country.

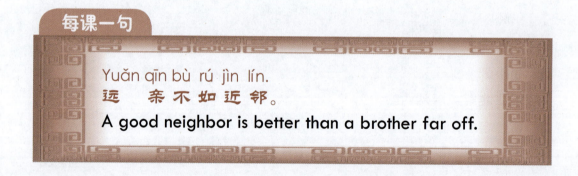

每课一句

Yuǎn qīn bù rú jìn lín.
远亲不如近邻。
A good neighbor is better than a brother far off.

第七课 天气越来越冷了

（一）

（在宿舍里 In the dormitory）

安 妮：今天真冷啊！
丽 莎：是啊，天气越来越冷了。
安 妮：快考试了，真高兴。
丽 莎：你喜欢考试？
安 妮：不，考完试就该放假了。我早就想家了。丽莎，放假你回家吗？
丽 莎：不回，我还要去旅行呢。
安 妮：你打算去哪儿？
丽 莎：先去上海，然后去云南。
安 妮：什么时候出发？
丽 莎：那要看哪天考完了。一考完我就走。

Ānnī: Jīntiān zhēn lěng a!

Lìshā: Shì a, tiānqì yuè lái yuè lěng le.

Ānnī: Kuài kǎoshì le, zhēn gāoxìng.

Lìshā: Nǐ xǐhuan kǎoshì?

Ānnī: Bù, kǎowán shì jiù gāi fàng jià le. Wǒ zǎo jiù xiǎng jiā le. Lìshā, fàng jià nǐ huí jiā ma?

Lìshā: Bù huí, wǒ hái yào qù lǚxíng ne.

Ānnī: Nǐ dǎsuan qù nǎr?

Lìshā: Xiān qù Shànghǎi, ránhòu qù Yúnnán.

Ānnī: Shénme shíhou chūfā?

Lìshā: Nà yào kàn něi tiān kǎowán le. Yī kǎowán wǒ jiù zǒu.

（二）

（安妮对彼得说 Annie says to Peter）

快考试了，考完试就该放寒假了。我想一放假就回国。丽莎打算去旅行，她先去上海，然后去云南。我也想去旅行，不过我更想回家，等放暑假的时候我再去旅行。

Kuài kǎoshì le, kǎowán shì jiù gāi fàng hánjià le. Wǒ xiǎng yí fàng jià jiù huí guó. Lìshā dǎsuan qù lǚxíng, tā xiān qù Shànghǎi, ránhòu qù Yúnnán. Wǒ yě xiǎng qù lǚxíng, búguò wǒ gèng xiǎng huí jiā, děng fàng shǔjià de shíhou wǒ zài qù lǚxíng.

（三）

（在彼得的房间里 In Peter's room）

杰　夫：　几点了？

彼　得：　七点半了。

杰　夫：　该看天气预报了，快打开电视！

彼　得：　你每天都看天气预报吗？听得懂听不懂？

杰　夫：　听不懂，可是看得懂。我想练习听力，所以差不多每天都一边看一边听，不懂就查字典，现在已经能够听懂一点儿了。比如："明天白天晴"，还有"午后阴，有小雨"，这就够了。

Jiéfū: Jǐ diǎn le?

Bǐdé: Qī diǎn bàn le.

Jiéfū: Gāi kàn tiānqì yùbào le, kuài dǎkāi diànshì!

Bǐdé: Nǐ měi tiān dōu kàn tiānqì yùbào ma? Tīng de dǒng tīng bu dǒng?

Jiéfū: Tīng bu dǒng, kěshì kàn de dǒng. Wǒ xiǎng liànxí tīnglì, suǒyǐ chàbuduō měitiān dōu yìbiān kàn yìbiān tīng, bù dǒng jiù chá zìdiǎn, xiànzài yǐjīng nénggòu tīngdǒng yìdiǎnr le. Bǐrú: "Míngtiān báitiān qíng", hái yǒu "Wǔ hòu yīn, yǒu xiǎo yǔ", zhè jiù gòu le.

（四）

（彼得打开电视 Peter turns on the TV）

彼 得： 还没到呢，现在是广告节目。

杰 夫： 广告完了马上就播天气预报。

彼 得： 我觉得天气预报一点儿都不准。昨天说今天有雪，可是到现在还没下呢。

杰 夫： 也可能是你听错了。

彼 得： 我的听力这么"好"，能听错吗？

杰 夫： 你也学会"吹牛"了！

Bǐdé: Hái méi dào ne, xiànzài shì guǎnggào jiémù.

Jiéfū: Guǎnggào wánle mǎshàng jiù bō tiānqì yùbào.

Bǐdé: Wǒ juéde tiānqì yùbào yìdiǎnr dōu bù zhǔn. Zuótiān shuō jīntiān yǒu xuě, kěshì dào xiànzài hái méi xià ne.

Jiéfū: Yě kěnéng shì nǐ tīngcuò le.

Bǐdé: Wǒ de tīnglì zhème "hǎo", néng tīngcuò ma?

Jiéfū: Nǐ yě xuéhuì "chuī niú" le!

（五）

（安妮说 Annie says）

天气越来越冷了。我又担心又高兴。担心的是冬天太冷，一不注意就很容易感冒；高兴的是我可以看到雪了。我特别喜欢看雪景。要是能滑冰，那就更好了。

Tiānqì yuè lái yuè lěng le. Wǒ yòu dānxīn yòu gāoxìng. Dānxīn de shì dōngtiān tài lěng, yí bù zhùyì jiù hěn róngyì gǎnmào; Gāoxìng de shì wǒ kěyǐ kàndào xuě le. Wǒ tèbié xǐhuan kàn xuějǐng. Yàoshi néng huá bīng, nà jiù gèng hǎo le.

注释 Notes

1. 那要看哪天考完了

"那要看……"常常用在对话的下句中，表示上句中提出的情况是否能够进行或者实现，需要根据一定的条件或符合一定的前提，"那要看"后边的就是这个条件或者前提。如：

"那要看……" is often used in a conversation, to express whether or not it is possible for the situation mentioned in the previous statement to be carried out or fulfilled, and is presupposed with a definite condition or a certain premise in order to be carried out. The required condition or premise is stated after "那要看……". For example:

（1）甲：你暑假去旅行吗？
　　乙：那要看我的钱够不够。
（2）甲：你什么时候回家？
　　乙：那要看我什么时候写完作业了。

2. 等放暑假的时候我再去旅行

"等……（的时候）"表示一个将来的时点，在那个时点将发生某事。"等"后面可以是时间词。如："等下个月，我妈妈就来了"。更常用的是"等"后连接词组或句子，表示时间。如：

"等……（的时候）" indicates that some event is going to happen at a point of time in future. "等" can be followed by a time word: "等下个月，我妈妈就来了". "等" is commonly followed by a phrase or a sentence indicating time. For example:

（1）等我大学毕业（的时候），我就去国外旅行。
（2）等他来了，咱们就走。

3. 我觉得天气预报一点儿都（也）不准

"一点儿都（也）不（没）……"表示完全否定，语气坚决。如：

"一点儿都（也）不（没）……" indicates a total denial of something. For example:

（1）那件事我一点儿也不知道。
（2）你说的一点儿都（也）不对。
（3）他一点儿也没听懂。

4. 吹牛

夸口，说大话。如：

"吹牛" means "to boast" "to talk big". For example:

别吹牛，你真能跑1万米吗？

5. 担心的是……/ 高兴的是……

"……的是……"中"的是"的前面一般是表示思想情绪、心理状态的词语，如：担心、高兴、着急等；"的是"的后面常是一个句子，表示前面的情绪、心理产生的原因。如：

The words preceding "的是" often indicate a certain sentiment or a psychological state of mind, such as "担心、高兴、着急" and so on; "的是" is often followed by a sentence, indicating the cause of the sentiment or psychology. For example:

（1）我担心的是考试能不能考好。
（2）我高兴的是明天可以回家了。

练 习 Exercises

一 读下边的句子，注意重音 Read the following sentences, pay attention to the stresses

1. 天气越来越冷了。
2. 快考试了。
3. 考完试就该放假了。
4. 先去上海，然后去云南。
5. 我想一放假就回国。
6. 等放暑假的时候我再去旅行。
7. 该看天气预报了，快打开电视！
8. 也可能是你听错了。
9. 要是能滑冰，那就更好了。

二 根据课文回答问题 Answer the questions according to the text

1. 快考试了，为什么安妮那么高兴？
2. 丽莎打算放假以后去哪儿？
3. 为什么彼得说天气预报一点儿都不准？
4. 冬天到了，安妮为什么又担心又高兴？

三 替换画线部分的词语，并将句子补充完整

Substitute the underlined parts and complete the sentences

1. 先<u>去上海</u>，然后<u>去云南</u>。→放假以后，我先去上海，然后再去云南。

买菜	回家
去商店	去银行
去南方旅行	回国
洗*手	吃饭

2. 等<u>放暑假的时候</u>，我再<u>去旅行</u>。→现在学习很忙，等放假的时候，我再去旅行。

你病好了	去上班*
天气好的时候	出去玩儿
雪停了	去照雪景
这些钱花完了	去银行取

3. 差不多每天　都　一边看一边听。　→电视里的天气预报，我差不多每天都一边看一边听。

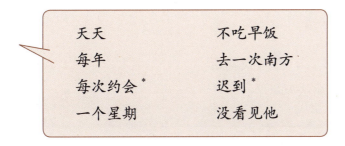

天天	不吃早饭
每年	去一次南方
每次约会*	迟到*
一个星期	没看见他

4. 天气预报一点儿都不准。→我觉得天气预报一点儿都不准。

他	不知道
我	没听说
这儿的冬天	不冷
你的话	不奇怪*

5. 我特别喜欢看雪景。→下雪太好了，我特别喜欢看雪景。

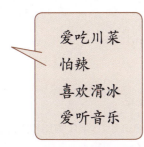

爱吃川菜
怕辣
喜欢滑冰
爱听音乐

6. 要是能滑冰，那就更好了。→看雪景当然好，要是能滑冰，那就更好了。

你也能和我们一起去
今天没有考试
我能多住几天
明天下雪

四 体会画线部分的意思，模仿完成对话
Make sure of the meanings of the dotted words and complete the dialogues as the example

例：甲：你什么时候出发？

乙：那要看哪天考完了。一考完我就走。

1. 甲：咱们什么时候骑车出去玩儿？

   乙：_____。

2. 甲：妈妈，您说我能考好吗？

   乙：_____。

3. 甲：我的电脑坏了，能修*好吗？

   乙：_____。

4. 甲：你打算和他结婚吗？

   乙：_____。

五 模拟表演第一、第三段会话 Perform Dialogue 1 and 3

六 填空并熟读这段话，然后模仿这种表达方式说一段话
Fill in the blanks and learn the passage by heart, then make a statement by imitating the following expression

天气越来（　　　）冷了。我又担心（　　　）高兴。担心的（　　　）冬天太冷，一不注意（　　　）很容易感冒；（　　　）（　　　）的是我可以看到雪了。我（　　　）（　　　）喜欢看雪景，（　　　）（　　　）能滑冰，那就更好了。

七 实践：了解天气预报内容，告诉同学们
A practice: Know about the weather forecast and tell your classmates

每课一句

Qiānlǐ zhī xíng, shǐ yú zú xià.
千里之行，始于足下。
A journey of a thousand miles begins with a single step.

第八课 你会包饺子吗?
Nǐ huì bāo jiǎozi ma?

(一)

(王平和彼得聊天儿 Wang Ping is chatting with Peter)

王 平: 彼得,你会包饺子吗?
彼 得: 我不会包,我会吃。我常常买速冻饺子吃。
王 平: 速冻饺子没有自己做的好吃。
彼 得: 自己做?我可不会。
王 平: 很容易,周末去我家包饺子怎么样?叫杰夫、安妮和丽莎一起来。
彼 得: 那太好了,我现在就发短信告诉他们。

Wáng Píng: Bǐdé, nǐ huì bāo jiǎozi ma?
Bǐdé: Wǒ bú huì bāo, wǒ huì chī. Wǒ chángchang mǎi sùdòng jiǎozi chī.
Wáng Píng: Sùdòng jiǎozi méiyǒu zìjǐ zuò de hǎochī.
Bǐdé: Zìjǐ zuò? Wǒ kě bú huì.
Wáng Píng: Hěn róngyì, zhōumò qù wǒ jiā bāo jiǎozi zěnmeyàng? Jiào Jiéfū、Ānnī hé Lìshā yìqǐ lái.
Bǐdé: Nà tài hǎo le, wǒ xiànzài jiù fā duǎnxìn gàosu tāmen.

（二）

（在王平家门口 At the gate of Wang Ping's home）

彼　得：　这雪下得真不小。

安　妮：　你的衣服都湿了。

杰　夫：　早上我告诉他有雪，可他不信。

王　平：　好了，到家了，快进来吧。

（在王平家里 At Wang Ping's home）

王　平：　随便坐吧，先来点儿热茶，暖和暖和吧！

杰　夫：　好极了！

安　妮：　我来帮你，王平。

（安妮打碎了一个茶杯 Annie broke a cup）

安　妮：　哎呀，我把杯子打碎了，真对不起。

王　平：　没事儿。

Bǐdé:	Zhè xuě xià de zhēn bù xiǎo.
Ānnī:	Nǐ de yīfu dōu shī le.
Jiéfū:	Zǎoshang wǒ gàosu tā yǒu xuě, kě tā bú xìn.
Wáng Píng:	Hǎo le, dào jiā le, kuài jìnlai ba.
Wáng Píng:	Suíbiàn zuò ba, xiān lái diǎnr rè chá, nuǎnhuo nuǎnhuo ba!
Jiéfū:	Hǎo jíle!
Ānnī:	Wǒ lái bāng nǐ, Wáng Píng.
Ānnī:	āiyā, wǒ bǎ bēizi dǎsuì le, zhēn duìbuqǐ.
Wáng Píng:	Méi shìr.

（三）

（电话铃响了 Telephone is ringing）

杰　夫：　王平，电话！

王　平：　你们先聊着，我去接电话。

（大家一边喝茶，一边聊天儿 Chatting over tea）

丽　莎：　杰夫，你会包饺子吗？

杰 夫：	我会吃饺子，味道好极了。
丽 莎：	你就会开玩笑，等会儿让王平好好儿教教你吧。

（王平打完电话 Wang Ping hangs up the phone）

王 平：	让我教什么？
丽 莎：	教杰夫包饺子。
王 平：	还是你来教他吧。你已经包得比我好了。
丽 莎：	哪里，哪里，怎么可能呢。
王 平：	饺子皮儿、饺子馅儿，我都准备好了，咱们开始包吧。

Jiéfū:	Wáng Píng, diànhuà!
Wáng Píng:	Nǐmen xiān liáozhe, wǒ qù jiē diànhuà.
Lìshā:	Jiéfū, nǐ huì bāo jiǎozi ma?
Jiéfū:	Wǒ huì chī jiǎozi, wèidào hǎo jíle.
Lìshā:	Nǐ jiù huì kāi wánxiào, děng huìr ràng Wáng Píng hǎohāor jiāojiao nǐ ba.
Wáng Píng:	Ràng wǒ jiāo shénme?
Lìshā:	Jiāo Jiéfū bāo jiǎozi.
Wáng Píng:	Háishi nǐ lái jiāo tā ba. Nǐ yǐjīng bāo de bǐ wǒ hǎo le.
Lìshā:	Nǎli, nǎli, zěnme kěnéng ne.
Wáng Píng:	Jiǎozi pír, jiǎozi xiànr, wǒ dōu zhǔnbèi hǎo le, zánmen kāishǐ bāo ba.

（四）

（王平教杰夫包饺子 Wang Ping is teaching Jeff how to make dumplings）

先把饺子皮儿、饺子馅儿准备好。包的时候，把馅儿放在皮儿的中间，不要放得太多，然后把两边合上。先捏中间，再捏两边，就包好了。一定要捏紧了，要是不捏紧，一煮就开了。煮的时候，先放水，水开了，再把饺子放进去。等饺子都漂上来，再煮一会儿，饺子就熟了。

Xiān bǎ jiǎozi pír、jiǎozi xiànr zhǔnbèi hǎo. Bāo de shíhou, bǎ xiànr fàngzài pír de zhōngjiān, bú yào fàng de tài duō, ránhòu bǎliǎng biān héshang. Xiān niē zhōngjiān, zài niē liǎng biān, jiù bāohǎo le. Yídìng yào niējǐn le, yàoshi bù niējǐn, yì zhǔ jiù kāi le. Zhǔ de shíhou, xiān fàng shuǐ, shuǐ kāi le, zài bǎ jiǎozi fàng jìnqu. Děng jiǎozi dōu piāo shànglai, zài zhǔ yíhuìr, jiǎozi jiù shóu le.

注 释 Notes

1. 速冻饺子没有自己做的好吃

"A 没有 B……" 意思相当于 "B 比 A……"，如：
"A 没有 B……" is similar to "B 比 A……", for example:
（1）昨天 5°，今天 8°，今天没有昨天冷。
（2）饺子没有烤鸭好吃。

2. 我可不会

副词 "可" 在这里表示强调，加强了否定的语气。如：
"可" indicates emphasis here, strengthening the negation. For example:
（1）我可不会包饺子，他会。
（2）你可别告诉我你不想去。

3. 你们先聊着……

"先 + 动词 + 着" 表示暂时先做某事，如：
"先 + verb + 着" means doing something for the time being, for example:
（1）你们先坐着，我去接个电话，一会儿就来。
（2）各位先吃着，别的菜马上就好。

4. 怎么可能呢

反问句，意思是 "不可能"，对某事的可能性表示怀疑。如：
A rhetorical question, which means "不可能" (impossible), indicating doubt of the possibility. For example:
甲："他没考上大学。"
乙："怎么可能呢，他是我们班学习最好的学生。"

练习 Exercises

一 正确的语调读下边的句子，注意重音
Read the following sentences in correct intonation, pay attention to the stresses

1. 我想买一袋速冻饺子尝尝。
2. 你的衣服都湿了。
3. 早上我告诉他有雪，可他不信。
4. 我把杯子打碎了。
5. 味道好极了。
6. 你就会开玩笑。
7. 怎么可能呢。
8. 饺子皮儿、饺子馅儿，我都准备好了。
9. 咱们开始包吧。

二 替换句中画线部分 Substitute the underlined parts in the sentences

1. <u>速冻饺子</u>没有 <u>自己做的</u> <u>好吃</u>。

今天	昨天	冷
逛街	爬山	有意思
我的口语*	他的口语	好
他做的	他说的	好

2. <u>自己做</u>？我可<u>不会</u>。

咖啡	不喜欢
烤鸭	没吃过
考试题	不能告诉你
夏天滑冰	没听说过

3. <u>我把</u> <u>杯子</u> <u>打碎了</u>。

他	面包	吃完了
她	衣服	洗好了
我们	作业	做完了
弟弟	手机	玩坏了

4. 你们先聊着，我去接电话。

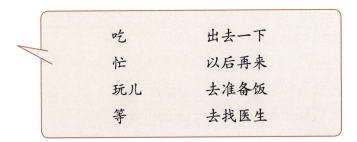

吃	出去一下
忙	以后再来
玩儿	去准备饭
等	去找医生

5. 你就会开玩笑。

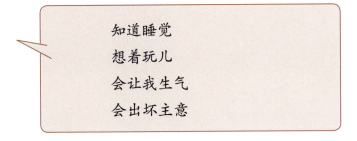

知道睡觉
想着玩儿
会让我生气
会出坏主意

三 以安妮的口气叙述第二段会话
Reproduce Dialogue 2 in the name of Annie

"今天我们去王平家玩儿，……"

四 体会加点短语的用法，模仿例句进行对话
Make sure of the meaning of the dotted words and perform dialogues as the example

例： 甲： 你已经包得比我们好了。
　　 乙： 怎么可能呢。

五 读下边一段话，注意停顿、重音和语气，然后背诵出来
Read the following passage, pay attention to the pause, stress and intonation, and then recite it

（王平说）杰夫说他爱吃饺子，我信，可是他说他会包饺子，我们都不信。他就会开玩笑。丽莎包的饺子跟中国人包得一样*好，我真没想到。

六 根据最后一段课文内容，复述包饺子、煮饺子的过程，注意动词的用法
Retell the process of wrapping dumplings and boiling dumplings according to the last paragraph, pay attention to the use of the verbs

七　实践：看谁包得又快又好——包饺子比赛，老师当裁判

A practice: See who can wrap dumplings faster and better—a competition in dumpling making, the teacher can be a judge

八　成段表达：介绍你们国家的一种食品和它的做法

Narration: Introduce a recipe for a kind of food in your country

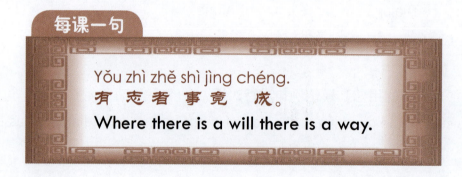

每课一句

Yǒu zhì zhě shì jìng chéng.
有志者事竟成。
Where there is a will there is a way.

你知道吗？ Do You Know? (2)

方位与文化

汉语中常用的单纯的方位词有东、西、南、北、上、下、左、右、前、后、里、外、中。

下面的方位图中，除东、西、南、北四个基本方位外，还有四个中间方位，四个中间方位的说法必须依次为"东南、东北、西南、西北"而不能说成"北东、南西"等。

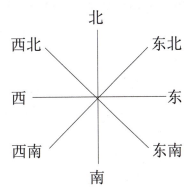

问路时，有的人习惯用"前、后、左、右"，如"往左拐""往右拐""往前走"等；有的人习惯用"东、西、南、北"，如"路南""路北""往西走再往南拐"等。地铁的出入口也用"东、南、西、北"表示，如"东南出口""西北口""西南口"等。

汉语的方位词在表示方位之外，有时还有一定的文化色彩。比如：中国人自古崇尚"坐北朝南"，人们以北为尊。一家一户院里的主要房屋都是门窗朝南的北房；请客时，让地位最高的人坐北面南，同是坐北面南，又要"东主西客"。

在你的国家，方位词有特别的意义吗？

Directions and Culture

Common simple nouns of location in Chinese language are: 东、西、南、北、上、下、左、右、前、后、里、外、中 (east, west, south, north, up, down, left, right, ahead, back, inside, outside, center). As shown in the following diagram, except the four basic directions, east, west, south, north, there are four intermediate directions: "东南 (southeast), 东北 (northeast), 西南 (southwest), 西北 (northwest)" — their word order is irreversible. In asking the way, some prefer to use "ahead, back, left, right", for example: "turn left" "turn right" "go ahead" and so on; others prefer to use "east, west, south, north", for example: "south of the street" "north of the street" "go west and turn south" and so on. At the entrances and exits of the Subway, "east, south, west, north" are also used to indicate directions, for example: 东南口（"Southeastern Exit"）西北口（"Northwestern Exit"）西南口（"Southwestern Exit"）and so on.

In addition to indicating directions, nouns of location in Chinese sometimes imply certain cultural contexts, for instance: By tradition, the Chinese people value the north. The major rooms are always on the north side of the courtyard with the doors and windows opening to the south; When giving a traditional banquet, the host together with the most senior or distinguished guests always sit at the north side of the table facing south — with the host on the east side, the guest on the west side.

In your country, are there any special meanings of nouns of location?

第九课 Bāng wǒ xiūxiu zìxíngchē ba
帮我修修自行车吧

(一)

(在学校修车部 At the school's bicycle repair shop)

方雪青： 师傅，帮我修修自行车吧！

修车师傅： 哪儿坏了？

方雪青： 可能是车带的问题，我半个小时前刚打的气，现在又没气了。

修车师傅： 我看看。哦，车带破了。

方雪青： 我还有别的事，先放在这儿行吗？

修车师傅： 行。

方雪青： 多长时间能修好？

修车师傅： 半个小时就行。

方雪青： 好，我把车放在这儿，一个小时以后我来取。

Fāng Xuěqīng: Shīfu, bāng wǒ xiūxiu zìxíngchē ba!

Xiūchē shīfu: Nǎr huài le?

Fāng Xuěqīng: Kěnéng shì chēdài de wèntí, wǒ bàn ge xiǎoshí qián gāng dǎ de qì, xiànzài yòu méi qì le.

Xiūchē shīfu: Wǒ kànkan. Ò, chēdài pò le.

Fāng Xuěqīng: Wǒ háiyǒu biéde shì, xiān fàngzài zhèr xíng ma?

Xiūchē shīfu: Xíng.

Fāng Xuěqīng: Duō cháng shíjiān néng xiūhǎo?

Xiūchē shīfu: Bàn ge xiǎoshí jiù xíng.

Fāng Xuěqīng: Hǎo, wǒ bǎ chē fàngzài zhèr, yí ge xiǎoshí yǐhòu wǒ lái qǔ.

（二）

（方雪青对丽莎说 Fang Xueqing says to Lisa）

　　要是你的自行车出了毛病，可以去修车部修。咱们学校有好几个呢。修车挺方便，一般等一会儿就可以修好。要是你等不及，可以先放在那儿，有空儿的时候再去取。

　　Yàoshi nǐ de zìxíngchē chūle máobìng, kěyǐ qù xiūchēbù xiū. Zánmen xuéxiào yǒu hǎojǐ ge ne. Xiū chē tǐng fāngbiàn, yìbān děng yíhuìr jiù kěyǐ xiūhǎo. Yàoshi nǐ děng bu jí, kěyǐ xiān fàng zài nàr, yǒu kòngr de shíhou zài qù qǔ.

（三）

（在服务台 In the service desk）

朴志永：　　您好，我房间的窗户坏了，可以帮我找人修修吗？

服务员： 什么问题？

朴志永： 我每次关窗户都很困难，老关不上。有的时候好，有的时候有问题，不知道是怎么回事。

服务员： 好，请告诉我您的房间号和手机号码，我记一下。

朴志永： 19楼302，电话是13717977883。

服务员： 我再重复一遍，19楼302，13717977883，对吗？

朴志永： 没错儿。

服务员： 好，我们马上找人去修。

Piáo Zhìyǒng: Nín hǎo, wǒ fángjiān de chuānghù huài le, kěyǐ bāng wǒ zhǎo rén xiūxiu ma?
Fúwùyuán: Shénme wèntí?
Piáo Zhìyǒng: Wǒ měicì guān chuānghù dōu hěn kùnnan, lǎo guān bu shàng. Yǒu de shíhou hǎo, yǒude shíhou yǒu wèntí, bù zhīdào shì zěnme huí shì.
Fúwùyuán: Hǎo, qǐng gàosu wǒ nín de fángjiān hào hé shǒujī hàomǎ, wǒ jì yíxià.
Piáo Zhìyǒng: Shíjiǔ lóu sān-líng-èr, diànhuà shì yāo-sān-qī-yāo-qī-jiǔ-qī-qī-bā-bā-sān.
Fúwùyuán: Wǒ zài chóngfù yíbiàn, shí-jiǔ lóu sān-líng-èr, yāo-sān-qī-yāo-qī-jiǔ-qī-qī-bā-bā-sān, duì ma?
Piáo Zhìyǒng: Méi cuòr.
Fúwùyuán: Hǎo, wǒmen mǎshàng zhǎo rén qù xiū.

（四）

（丽莎从医院回来，看见杰夫 Lisa comes back from hospital, and sees Jeff）

杰　夫： 怎么了，丽莎，脸色这么不好？

丽　莎： 真倒霉，我又感冒了。

杰　夫： 春天刚到，不能穿得太少，你一定是着凉了。北方人常说："春捂秋冻"。

丽　莎： 现在说这话已经晚了，头疼，嗓子也疼，真难受。

杰　夫： 你去医院了吗？

丽　莎： 去了，你看，大夫开了这么多药。一天三次。

杰　夫： 感冒一般要一个星期才能好，吃药也没用。

丽　莎： 你怎么这么说？

杰　夫： 别生气，我的经验是：感冒以后多睡觉，多喝水，吃不吃药没关系。

Jiéfū: Zěnme le, Lìshā, liǎnsè zhème bù hǎo?

Lìshā: Zhēn dǎoméi, wǒ yòu gǎnmào le.

Jiéfū: Chūntiān gāng dào, bù néng chuān de tài shǎo, nǐ yídìng shì zháo liáng le. Běifāngrén cháng shuō:"Chūn wǔ qiū dòng".

Lìshā: Xiànzài shuō zhè huà yǐjīng wǎn le, tóu téng, sǎngzi yě téng, zhēn nánshòu.

Jiéfū: Nǐ qù yīyuàn le ma?

Lìshā: Qù le, nǐ kàn, dàifu kāile zhème duō yào. Yì tiān sān cì.

Jiéfū: Gǎnmào yìbān yào yí ge xīngqī cái néng hǎo, chī yào yě méi yòng.

Lìshā: Nǐ zěnme zhème shuō?

Jiéfū: Bié shēng qì, wǒ de jīngyàn shì: gǎnmào yǐhòu duō shuìjiào, duō hē shuǐ, chī bu chī yào méi guānxi.

注　释　Notes

1. "才"和"就"

"才"，副词，表示事情发生或结束得晚。如：
"才" is an adverb, indicating a late happening or ending. For example:

（1）感冒一般一个星期才能好。

（2）都快下课了，你怎么才来？

"就"，副词，表示事情在短时间内发生或结束得早。如：
"就" is an adverb, indicating that the thing happens in a short time or ends very soon. For example:

（1）一般等一会儿就可以修好。

（2）这些作业他不到一个小时就做完了。

（3）你等一会儿，他马上就回来。

"半个小时就行"中"就行"的意思是"很快就可以（完成）"，与"才行"相对。如：
"就行" in "半个小时就行" means "很快就可以（完成）" (it can be done very soon), opposite to "才行". For example:

如果自行车问题不大，马上取就行，要是有大问题，那要一个小时以后取才行。

另外，"就行"和"才行"还常常表示办法、条件的多少，行事的难易或程度的高低。如：

Besides, "就行" and "才行" also indicate the amount of methods or conditions of doing something, and the degree of difficulty of doing something. For example:

（1）这件事问我就行，可是别的要问经理才行。
（2）借书有借书证就行，换钱有护照才行。

2. 没错儿

"没错儿"，口语常用语，表示肯定对方所说的是那么回事，符合实际情况，或同意对方的某种看法。如：

"没错儿"（"that's it"）is a colloquial expression to confirm what the other party said, consistent with the actual situation, or agreement on another person's ideas. For example:

（1）甲："我看昨天小王喝多了。"
　　 乙："没错儿，连家门都找不着了。"
（2）甲："美国人和日本人学习汉语的难点完全不一样。"
　　 乙："没错儿。"

3. 春捂秋冻

这是一句生活中常见的习用语，意思是提醒人们：春天刚刚来临的时候，不要急于脱掉冬装，还得注意保暖（即"捂着"），而秋天到来的时候，不要急于增加衣服，"冻"一点儿没关系，以适应渐冷的天气。

A common saying in life, means that when spring just arrives, don't take off winter clothing in a hurry, but keep warm (hence "wearing a lot"), and when autumn comes, "freezing" a little is okay for adapting to the cold weather.

练 习　Exercises

一　用正确的语调读句子
Read the following sentences in correct intonation

1. 师傅，帮我修修自行车吧！
2. 我半个小时前刚打的气，现在又没气了。
3. 我每次关窗户都很困难，老关不上。
4. 请告诉我您的房间号和手机号码。
5. 我再重复一遍。
6. 我们马上找人去修。
7. 怎么了？脸色这么不好？

8. 你怎么这么说？

二 根据课文内容用自己的话回答问题
Answer the questions according to the text

1. 方雪青的自行车怎么了？
2. 朴志永在电话里说了什么问题？
3. 丽莎感冒了，她觉得怎么样？大夫是怎么给她治的？
4. 杰夫觉得感冒以后应该怎么办？

三 替换画线部分的词语，并将句子补充完整
Substitute the underlined parts and complete the sentences

1. (修车部)咱们学校有好几个呢。→(修车部)咱们学校有好几个呢，修车挺方便的。

中文书	本
英国学生	个
铅笔*	支
饺子	盘

2. 我每次关窗户 老 关不上。→我每次关窗户老关不上，不知道是怎么回事。

他每次约会	迟到
放假的时候，他	一个人出去旅行
那个孩子	向爸爸妈妈要钱
他怎么	不高兴

3. 我们马上找人去修。→您别着急，我们马上找人去修。

| 就来 |
| 出发 |
| 告诉他 |
| 去医院看他 |

4. 感冒　　一般要　　一个星期　才能　好。→感冒一般要一个星期才能好，吃不吃药没关系。

> 这本书　　　　一个学期　　　学完
> 这段*录音　　　听两三遍　　　听懂
> 这些生词　　　学习一个月　　记住
> 上大学　　　　四年　　　　　毕业

四 体会加点的词语的用法，模仿完成对话

Make sure of the meanings of the dotted words and perform the dialogues as the examples

1. 例：甲：多长时间能修好？
   乙：半个小时就行。
   （1）什么时候可以去你那儿？
   （2）你怎么去他家？
   （3）在哪儿能买到这种书？

2. 例：甲：我再重复一遍，19楼302，13717977883，对吗？
   乙：没错儿。
   （1）他就是那个有意思的王平？
   （2）你们俩真的是同学？
   （3）请问，是这个房间的电视坏了吗？

3. 例：甲：春天刚到，不能穿得太少，你一定是着凉了。
   乙：现在说这话已经晚了。
   （1）你要是早一点儿准备，现在就不会这么着急了。
   （2）你一定是吃了不干净*的东西，才会肚子*疼。
   （3）你不该花这么多钱买它*。

4. 例：甲：感冒一般要一个星期才能好，吃药也没用。
   乙：你怎么这么说？
   （1）考试以前，复习不复习都没关系。
   （2）结婚不结婚都一样。
   （3）苹果不洗也能吃。

五　根据句子的意思选择"才"或者"就"填空
Fill in the blanks with "才" or "就" according to the meanings of the sentences

1. 我昨天晚上9点（　　）睡觉了。
2. 你怎么（　　）来？
3. 感冒一般要一个星期（　　）能好，你别太着急。
4. 这么快（　　）看完了？
5. 他的变化*太大了，我看了半天（　　）看出来是他。
6. 他进来了一下，什么也没说（　　）走了。

六　根据情景设计会话 Make up dialogues according to the situations

1. 请人修理一件东西。

参考词语　Words for reference
帮我…… 修 老 怎么回事 马上

2. 找医生看病。

参考词语和句式 Supplementary words and sentence patterns
怎么了，哪儿不舒服？
什么时候开始的？
38度9
吃药：1天 3次，1次 2片

七 背诵课文第二段 Recite the text（二）

八 成段表达 Narration

1. 说说"春捂秋冻"。
2. 一次生病的经历*。

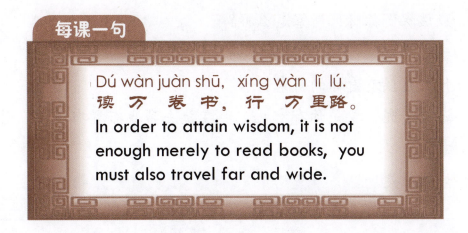

每课一句

Dú wàn juàn shū, xíng wàn lǐ lú.
读万卷书，行万里路。
In order to attain wisdom, it is not enough merely to read books, you must also travel far and wide.

第十课

Zhè fú huàr zhēn bàng!
这幅画儿真棒!

(一)

(在路上 On the way)

王 平: 刘伟,搬家怎么不告诉我一声?我可以帮你搬。

刘 伟: 怕麻烦你们,所以谁也没告诉。我找了个搬家公司,两个多小时就全搬完了。

王 平: 应该祝贺你呀!新家怎么样?

刘 伟: 我很满意。

王 平: 什么时候看看你的新家?

刘 伟: 还乱着呢。要是你有空儿,现在就去帮我布置布置吧。替我出出主意!

王 平: 好啊,走!

Wáng Píng: Liú Wěi, bān jiā zěnme bú gàosu wǒ yì shēng? Wǒ kěyǐ bāng nǐ bān.

Liú Wěi:	Pà máfan nǐmen, suǒyǐ shéi[1] yě méi gàosu. Wǒ zhǎole ge bānjiā gōngsī, liǎng ge duō xiǎoshí jiù quán bānwán le.
Wáng Píng:	Yīnggāi zhùhè nǐ ya! Xīn jiā zěnmeyàng?
Liú Wěi:	Wǒ hěn mǎnyì.
Wáng Píng:	Shénme shíhou kànkan nǐ de xīn jiā?
Liú Wěi:	Hái luàn zhene. Yàoshi nǐ yǒu kòngr, xiànzài jiù qù bāng wǒ bùzhi bùzhi ba. Tì wǒ chūchu zhǔyi!
Wáng Píng:	Hǎo a, zǒu!

(二)

（在刘伟的家 At Liu Wei's home）

王 平：	这房子比以前好多了。
刘 伟：	是啊。虽然没大多少，可是亮多了。
王 平：	这幅画儿真棒！挂在这面墙上挺合适的。
刘 伟：	是一位画家朋友送给我的。
王 平：	我觉得再往上挂一点儿就好了。
刘 伟：	好像是有点儿低。好，我现在就把它往上挂一点儿，你帮我看一下……这样行了吗？
王 平：	再往右一点儿，……左边再高一点儿，……可以了！

Wáng Píng:	Zhè fángzi bǐ yǐqián hǎo duō le.
Liú Wěi:	Shì a. Suīrán méi dà duōshao, kěshì liàng duō le.
Wáng Píng:	Zhè fú huàr zhēn bàng! Guà zài zhè miàn qiángshang tǐng héshì de.
Liú Wěi:	Shì yí wèi huàjiā péngyou sònggěi wǒ de.
Wáng Píng:	Wǒ juéde zài wǎng shàng guà yìdiǎnr jiù hǎo le.
Liú Wěi:	Hǎoxiàng shì yǒudiǎnr dī. Hǎo, wǒ xiànzài jiù bǎ tā wǎng shàng guà yìdiǎnr, nǐ bāng wǒ kàn yíxià... Zhèyàng xíngle ma?
Wáng Píng:	Zài wǎng yòu yìdiǎnr, ... zuǒbian zài gāo yìdiǎnr, ... kěyǐ le!

---

[1] "谁"又音 shuí。

（三）

（半个小时后 Half an hour later）

王 平： 我觉得书架在这儿不如在那儿好。

刘 伟： 为什么？

王 平： 放在这儿离桌子太远了。

刘 伟： 可是离床近，我躺着拿书、看书，多方便哪！

王 平： 你真懒！随你的便吧。

Wáng Píng: Wǒ juéde shūjià zài zhèr bùrú zài nàr hǎo.
Liú Wěi: Wèi shénme?
Wáng Píng: Fàng zài zhèr lí zhuōzi tài yuǎn le.
Liú Wěi: Kěshì lí chuáng jìn, wǒ tǎngzhe ná shū、kàn shū, duō fāngbiàn na!
Wáng Píng: Nǐ zhēn lǎn! Suí nǐ de biàn ba.

（四）

（刘伟对杰夫说 Liu Wei says to Leff）

我这次搬家没找朋友帮忙。从前搬家，常常是亲戚朋友帮着搬，要麻烦很多人。现在有了搬家公司，只要打个电话交了钱就可以了，又省力气又省时间，特别方便。

Wǒ zhè cì bān jiā méi zhǎo péngyou bāng máng. Cóngqián bān jiā, chángcháng shì qīnqi péngyou bāngzhe bān, yào máfan hěnduō rén. Xiànzài yǒule bān jiā gōngsī, zhǐyào dǎ ge diànhuà jiāole qián jiù kěyǐ le, yòu shěng lìqi yòu shěng shíjiān, tèbié fāngbiàn.

注释 Notes

1. 搬家怎么不告诉我一声

"声"是量词，表示声音发出的次数。如："我叫了他两声，他都没听见。" "一声"用在动词之后，相当于"一下"，表示动作做了一次。它前边的动词常用的有"说""问""叫""喊""告诉""通知""回答"等。

"声" is a measure word, modifying the times of voice, for example: "我叫了他两声，他都没听见。" When "一声" is followed by a verb, it equals to "一下", indicating the action is done once. Verbs that frequently precede it are: "说""问""叫""喊""告诉""通知""回答", etc.

2. 还乱着呢

"着呢"用在形容词之后，表示程度高，相当于"很……"。如：

"着呢" is used after an adjective, to express a high degree of that condition, and is comparable to "很……". For example:

（1）我现在忙着呢。
（2）新衣服漂亮着呢。

3. 虽然没大多少，可是亮多了

"虽然 A, 可是 B"是一个转折复句，有时说"虽然 A 但是 B"。如：

"虽然 A, 可是 B" is a concessive complex sentence, and is sometimes spoken "虽然 A 但是 B". For example:

（1）这件衣服虽然漂亮，可是太贵了。
（2）今天虽然天气好，可是我不能出去玩儿，因为马上就要考试了。

练 习   Exercises

一 用正确的语调读句子 Read the sentences in correct intonation

1. 搬家怎么不告诉我一声？
2. 应该祝贺你呀！
3. 好啊，走！
4. 这房子比以前好多了。
5. 虽然没大多少，可是亮多了。
6. 这幅画儿真棒！挂在这面墙上挺合适的。
7. 你真懒！
8. 随你的便吧。

二 替换句中画线部分 Substitute the underlined parts

1. <u>搬家</u><u>怎么不告诉我</u>一声？

   > 病了为什么不告诉我
   > 想知道他在不在房间怎么不叫*他
   > 你昨天没来怎么不打个电话说
   > 你起床的时候怎么不叫我

2. <u>怕麻烦你们</u>，所以 <u>谁也没告诉</u>。

大家没时间	我们俩自己干
别人笑话*	不敢说出来
找不到你	先打个电话看看你在不在
妈妈担心	一放假就回家了

3. <u>画儿</u> 再 <u>往上挂</u>一点儿就好了。

衣服	肥
个子	高
声音	大
早饭*	多吃

三 根据课文内容回答问题 Answer the questions according to the text

1. 刘伟搬家为什么没告诉朋友们？
2. 刘伟对新家满意吗？
3. 刘伟的新家怎么样？
4. 刘伟把书架放在哪儿了？为什么？
5. 找搬家公司搬家有什么好处？

四 仿照例句，用加点的词语完成对话

Complete the dialogues with the dotted words as the example

例：甲：我想让书架离床近一点儿，我可以躺着看书。
　　乙：随你的便吧。

（1）我不想买这件衣服，我想买那件，你说好不好？

（2）我什么时候去你家比较好？

（3）中午想吃什么？包子还是面条儿？

五 谈一谈 Have a talk

1. 在你们国家，搬家常用什么办法？
2. 你的房间是怎么布置的？
3. 如果你只有一个很小的房间，你打算怎么布置它？

六 每人带一幅画儿，请大家评论 Everyone brings a picture to class for comments

参考词语和句式　Words and expressions for reference

比……多了　　挺……的　　觉得　　好像　　有点儿……　　离　　不如

七 游戏：贴鼻子 A game: Paste the Nose

在黑板上贴一个没有鼻子的人脸，一个学生被蒙住双眼，然后走向黑板，设法把手里的"鼻子"贴在合适的位置，其他的学生提示。

Paste a face without a nose on the blackboard. A student whose eyes are covered walks to the blackboard and tries to paste the "nose" in the proper place. Other students can help him or her with some clues.

参考词语和句式 Words and expressions for reference

高　低　往　上　下　离　左　右　再……一点儿

每课一句

Kělián tiānxià fùmǔ xīn.
可怜 天下 父母心。
Pity the hearts of all parents.

第十一课　Yǒu shénme hǎo diànyǐng?
有什么好电影？

（一）

（在食堂 In the dining hall）

刘　伟：　最近电影院又在放老电影了。

方雪青：　是吗？放什么电影？

刘　伟：　多啦，《卧虎藏龙》《我的父亲母亲》《饮食男女》等等，我记不全。

方雪青：　都是好看的电影，大部分我看过了。不过要是有时间，值得再看一遍。

刘　伟：　是啊，你真是个电影迷！对了，听说最近还要放一部新影片……

方雪青：　什么名字？

刘　伟：　我记不清了。报上说导演和演员都特别有名。

方雪青：　有空儿我一定去看看。

Liú Wěi:　　　　Zuìjìn diànyǐngyuàn yòu zài fàng lǎo diànyǐng le.

Fāng Xuěqīng:　Shì ma? Fàng shénme diànyǐng?

Liú Wěi: Duō la,《Wò Hǔ Cáng Lóng》《Wǒ de Fùqin Mǔqin》《Yǐnshí Nánnǚ》děngděng, wǒ jì bu quán.

Fāng Xuěqīng: Dōu shì hǎokàn de diànyǐng, dà bùfen wǒ kànguo le. Búguò yàoshi yǒu shíjiān, zhíde zài kàn yí biàn.
Liú Wěi: Shì a, nǐ zhēn shì ge diànyǐng mí! Duìle, tīngshuō zuìjìn hái yào fàng yí bù xīn yǐngpiàn...
Fāng Xuěqīng: Shénme míngzi?
Liú Wěi: Wǒ jì bu qīng le. Bào shàng shuō dǎoyǎn hé yǎnyuán dōu tèbié yǒumíng.
Fāng Xuěqīng: Yǒu kòngr wǒ yídìng qù kànkan.

（二）

（看演出以后 After the show）

丈　夫：你觉得演得怎么样？

妻　子：怎么说呢，比想象的差多了。

丈　夫：为什么？

妻　子：音乐吵得要命，我的耳朵都快聋了。

丈　夫：我说你会受不了吧，你还不相信！

妻　子：你觉得不错？

丈　夫：比想象的还要好！

Zhàngfu: Nǐ juéde yǎn de zěnmeyàng?
Qīzi: Zěnme shuō ne, bǐ xiǎngxiàng de chà duō le.
Zhàngfu: Wèi shénme?

Qīzi: Yīnyuè chǎo de yàomìng, wǒ de ěrduo dōu kuài lóng le.
Zhàngfu: Wǒ shuō nǐ huì shòubuliǎo ba, nǐ hái bú xiāngxìn!
Qīzi: Nǐ juéde búcuò?
Zhàngfu: Bǐ xiǎngxiàng de hái yào hǎo!

(三)

（在山田的宿舍 In Yamada's dormitory）

刘 伟：山田，听说过京剧吗？
山 田：听说过，可是没看过。我在日本看过一本书，就是介绍京剧的。
刘 伟：想不想看？
山 田：当然想。买得到票吗？
刘 伟：看，我这儿正好有两张票，一起去吧！

Liú Wěi: Shāntián, tīngshuō guo Jīngjù ma?
Shāntián: Tīngshuō guo, kěshì méi kànguo. Wǒ zài Rìběn kànguo yì běn shū, jiùshi jièshao Jīngjù de.
Liú Wěi: Xiǎng bu xiǎng kàn?
Shāntián: Dāngrán xiǎng. Mǎi de dào piào ma?
Liú Wěi: Kàn, wǒ zhèr zhènghǎo yǒu liǎng zhāng piào, yìqǐ qù ba!

(三)

（山田对一个朋友说 Yamada says to a friend）

上个周末，我的中国朋友刘伟带我去看了一场京剧。虽然我听不懂，可是我很喜欢他们的表演和服装。我一边看，刘伟一边给我翻译和介绍，我觉得很有意思，所以我对京剧也开始感兴趣了。

Shàng ge zhōumò, wǒ de Zhōngguó péngyou Liú Wěi dài wǒ qù kànle yì chǎng Jīngjù. Suīrán wǒ tīng bu dǒng, kěshì wǒ hěn xǐhuan tāmen de biǎoyǎn hé fúzhuāng. Wǒ yìbiān kàn, Liú Wěi yìbiān gěi wǒ fānyì hé jièshao, wǒ juéde hěn yǒu yìsi, suǒyǐ wǒ duì Jīngjù yě kāishǐ gǎn xìngqu le.

注释 Notes

1. 等等

"等等"表示列举不完，不必尽述，用于列举的各项之后。如：

"等等" indicates that the examples are incomplete and there's no need to be exhaustive, following the items listed. For example:

（1）我们班有法国、日本、美国等等十几个国家的学生。
（2）篮球、排球、乒乓球等等他都喜欢玩儿。

2. 怎么说呢，比想象的差多了

"怎么说呢"是常用口语句式，在对话中，出现了一时难于回答或来不及措词的情况时用。说话人借此加以短暂的思考，寻找恰当的应答，以便使对话自然地继续下去。如：

"怎么说呢" is a frequently used colloquial expression, used in the conversation on the awkward occasion. The speaker can think for a while for a proper answer and keep the conversation going. For example:

（1）甲："今天的考试题目难不难？"
　　　乙："怎么说呢，准备得好些就不觉得难。"
（2）甲："毕业以后你打算干什么？"
　　　乙："怎么说呢，父亲让马上工作，可是我想考研究生。"

3. 吵得要命

"要命"表示程度达到了极点或给人造成严重困难，一般在着急或抱怨时说。如：

"要命" indicates an extreme degree or a fatal problem for expressing anxiety or complaint in general. For example:

（1）"我头疼得要命，什么也干不了。"
（2）"车马上就要开了，他还不来，真要命！"
（3）"都快考试了，这孩子还是整天玩儿，你说要命不要命！"

4. 我说你会受不了吧

"我说"在这里的意思是"我早就说过（你会受不了）"。如：妈妈说："可能要下雨，带上伞吧。"孩子不听，结果真的下雨了。妈妈对回到家的孩子说："我说会下雨吧，你不听我的。"

Here it means "I've already said that (you would not stand it.)" For example, Mom said, "可

能要下雨，带上伞吧。"but the child didn't listen to her. When it did rain, mom might say to the child who had come back home, "我说会下雨吧，你不听我的。"

5. 所以我对京剧也开始感兴趣了

"感兴趣"的意思是喜好或关心某方面的人或者事。如："我感兴趣的是京剧演员的表演和服装。"但是要注意，名词不能直接放在它的后边，不能说"我感兴趣中国历史"。正确的说法是："我对中国历史感兴趣。"否定时用"不"，如："他对足球不感兴趣。"

"感兴趣" means that be fond of or fancy someone or something. For example, "我感兴趣的是京剧演员的表演和服装。" But it must be noticed that it can't be followed by a noun, so you can not say "我感兴趣中国历史", the correct expression should be "我对中国历史感兴趣。" "不" is used in the negative form, for example, "他对足球不感兴趣。"

这里的介词"对"是"对于"的意思，表示人、事物、行为之间的对待关系。"对"后面的名词、动词指涉及的事或物。如：

Here the preposition "对" means "对于", indicating a relationship of treatment between people, things and behaviors. The nouns or verbs followed "对", refer to the concerned things or objects. For example：

（1）抽烟对身体有害。
（2）多听多说对学习语言很有好处。

练习 Exercises

一 用正确的语调读下面的句子
Read the following sentences in correct intonation

1. 最近电影院又在放电影了。
2. 你真是个电影迷！
3. 我记不清了。
4. 怎么说呢，比想象的差多了。
5. 我说你会受不了吧，你还不相信！
6. 听说过京剧吗？
7. 听说过，可是没看过。
8. 我这儿正好有两张票，一起去吧！

二 根据课文内容判断下面的句子是否正确，然后说说为什么
True or false according to the text, then tell why

1. 电影院最近演的电影，方雪青大部分都看过了，她不想再看了。
2. 方雪青是个电影迷。
3. 妻子看演出以后觉得比想象的更好。
4. 丈夫觉得演出好极了。
5. 山田在日本看过一场京剧。
6. 山田喜欢京剧的表演和服装，可是听不懂京剧。

三 仿照例句，替换画线的词语，并将句子补充完整
Substitute the underlined words as the examples

1. 音乐吵得要命。→音乐吵得要命，我的耳朵都快聋了。

> 中午热
> 今天困*
> 爬完山，累
> 头疼

2. 比想象的还要好。→这场演出真不错，比想象的还要好。

> 买的
> 书上写的
> 你介绍的
> 靠着窗户

3. 虽然我听不懂，可是我很喜欢他们的表演和服装。→京剧虽然我听不懂，可是我很喜欢他们的表演和服装。

> 他没上过学　　懂的东西很多
> 巧克力*很好吃　也不能吃得太多
> 没和她见过面　知道她的名字
> 考试很难　　　他考得很好

4. 我对京剧也开始感兴趣了。→听了张伟的翻译和介绍，我对京剧也开始感兴趣了。

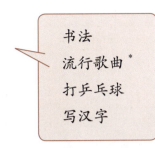

书法
流行歌曲*
打乒乓球
写汉字

四 体会加点的词语的用法，模仿完成对话
Make sure of the meanings of the dotted words and perform the dialogues as the examples

1. 例：甲：最近电影院演什么好影片？
   乙：多啦，《不见不散》*《我的父亲母亲》《饮食男女》等等，我记不全。
   （1）你最近买了什么新书？
   （2）北京有哪些好玩的地方？
   （3）你们都上什么课？
   （4）你爱吃哪些中国菜？

2. 例：甲：这些电影你看过吗？
   乙：大部分我看过了，不过要是有时间，值得再看一遍。
   （1）这件衣服又好看又便宜，你买不买？
   （2）长城怎么样？
   （3）这本书你看过吗？
   （4）你吃过烤鸭吗？

3. 例：甲：昨天那场演出*怎么样？
   乙：怎么说呢，比想象的差多了。
   （1）今天上午的考试考得怎么样？
   （2）你觉得他是一个怎样的人？
   （3）你喜欢怎么过周末？
   （4）听说你们去看京剧了，怎么样？有意思吗？

4. 例：甲：音乐吵得要命，我的耳朵都快聋了。
   乙：我说你会受不了吧，你还不信！
   （1）四川菜怎么这么辣？
   （2）哎呀，下雨了！

（3）真不该去看那个电影，太没意思了！
（4）我应该听你的话，不买那个东西。

5. 例：甲：听说那部电影挺好的，真想去看看。
   乙：我这儿正好有两张票，一起去吧。
   （1）你知道去邮局怎么走吗？
   （2）我没带够钱，还差八块五。
   （3）我有事要找小王，你知道他住哪儿吗？
   （4）谁知道中文系的办公室在哪儿？

五 你看过课文中提到的几部电影吗？能介绍一下其中一部电影的内容和演员吗？

Have you ever seen the films mentioned in the text? Could you introduce the content and one of the actors or actresses of the films?

六 谈一谈 Have a talk

1. 你看过中国电影吗？有什么印象*？
2. 你听说过京剧吗？看过吗？你对京剧感兴趣吗？
3. 你常去看演出吗？你喜欢什么节目？
4. 对于*课文中丈夫和妻子不同的感觉，你有什么看法*？

七 成段表达 Narration

1. 我喜欢的演员（或者导演）。
2. 一场精彩*的演出。
3. 我最喜欢的电影。

第十一课　有什么好电影？

每课一句

Yí cùn guāngyīn yí cùn jīn.
一寸光阴一寸金。
Time is money.

第十二课

Wǒ háishì xiāngxìn "yì fēn qián yì fēn huò"
我还是相信"一分钱一分货"

(一)

(在商店门外 Outside the shop)

妻　子：　你看，那边有帽子，咱们过去看看。

丈　夫：　看帽子干什么？

妻　子：　头发越来越少了，戴上帽子会好看一些。

丈　夫：　你真会开玩笑！不过，天气越来越热了，买顶帽子挡挡太阳也不错。你想买，咱们就挑一顶吧。

妻　子：　（对售货员 Talk to the salesclerk）请把那顶白帽子拿给我看看。

售货员：　这顶吗？这是最新式样的，特别受欢迎。

妻　子：　（戴上以后 After trying it on）紧了点儿，有大一点儿的吗？

售货员：　有，您试试这顶。

丈　夫：　挺精神的，买吧。

妻　子：　（对售货员 Talk to the salesclerk）请问有镜子吗？让我照照。

第十二课 我还是相信"一分钱一分货" 12

Qīzi: Nǐ kàn, nàbiān yǒu màozi, zánmen guòqu kànkan.
Zhàngfu: Kàn màozi gàn shénme?
Qīzi: Tóufa yuè lái yuè shǎo le, dài shang màozi huì hǎokàn yìxiē.
Zhàngfu: Nǐ zhēn huì kāi wánxiào! Búguò, tiānqì yuè lái yuè rè le, mǎi dǐng màozi dǎngdang tàiyáng yě búcuò. Nǐ xiǎng mǎi, zánmen jiù xuǎn yì dǐng ba.
Qīzi: Qǐng bǎ nà dǐng bái màozi nágěi wǒ kànkan.
Shòuhuòyuán: Zhè dǐng ma? Zhè shì zuì xīn shìyàng de, tèbié shòu huānyíng.
Qīzi: Jǐn le diǎnr, yǒu dà yìdiǎnr de ma?
Shòuhuòyuán: Yǒu, nín shìshi zhè dǐng.
Zhàngfu: Tǐng jīngshen de, mǎi ba.
Qīzi: Yǒu jìngzi ma? Ràng wǒ zhàozhao.

(二)

(在商店门外 Outside the shop)

女生甲：你看，门口写着"八折"，进去看看吧。
女生乙："便宜没好货，好货不便宜。"价钱降这么多，质量能好吗？
女生甲：看看又不要钱！
女生乙：那就进去看看吧。

Nǚshēng jiǎ: Nǐ kàn, ménkǒu xiězhe "bā zhé", jìnqu kànkan ba.
Nǚshēng yǐ: "Piányi méi hǎo huò, hǎo huò bù piányi." Jiàqian jiàng zhème duō, zhìliàng néng hǎo ma?

Nǚshēng jiǎ: Kànkan yòu bú yào qián!
Nǚshēng yǐ: Nà jiù jìnqu kànkan ba.

（三）

（在商店里 In the shop）

售货员： 二位买点儿什么？

女生甲： 我们先看看……这条裤子挺好看的，你觉得怎么样？

女生乙： 看着还可以，可不知道穿上怎么样。

售货员： 那边有试衣间，您可以去试试。

女生乙： 我帮你拿着包，你去试吧。

（甲去试衣间 Customer Jia goes to the fitting room）

售货员： （对乙说 Talk to customer Yi）您不来一条吗？

女生乙： 价钱怎么降这么多呢？

售货员： 放心，现在是换季降价，质量一点儿问题也没有。

女生甲： （从试衣间出来 Go out the fitting room）请给我拿两条，一条黑的，一条蓝的。

女生乙： 你呀！买一条还不够？我还是相信"一分钱一分货"。

Shòuhuòyuán: Èr wèi mǎi diǎnr shénme?

Nǚshēng jiǎ: Wǒmen xiān kànkan...Zhè tiáo kùzi tǐng hǎokàn de, nǐ juéde zěnmeyàng?

Nǚshēng yǐ: Kànzhe hái kěyǐ, kě bù zhīdao chuānshang zěnmeyàng.

Shòuhuòyuán: Nàbiān yǒu shìyījiān, nín kěyǐ qù shìshi.

Nǚshēng yǐ: Wǒ bāng nǐ názhe bāo, nǐ qù shì ba.

Shòuhuòyuán: Nín bù lái yì tiáo ma?

Nǚshēng yǐ: Jiàqian zěnme jiàng zhème duō ne?

Shòuhuòyuán: Fàng xīn, xiànzài shì huàn jì jiàng jià, zhìliàng yìdiǎnr wèntí yě méiyǒu.

Nǚshēng jiǎ: Qǐng gěi wǒ ná liǎng tiáo, yì tiáo hēi de, yì tiáo lán de.

Nǚshēng yǐ: Nǐ ya! Mǎi yì tiáo hái bú gòu? Wǒ háishi xiāngxìn "yì fēn qián yì fēn huò".

第十二课　我还是相信"一分钱一分货"

（四）

（一售货员说 One shop assistant says）

俗话说："便宜没好货，好货不便宜。"虽然有道理，可不一定都是这样。比如我们卖衣服，现在，春天来了，冬天的衣服就开始降价了。要是不快点儿卖出去，又得放半年，所以就便宜点儿卖掉，质量当然不会有问题。

Súhuà shuō: "Piányi méi hǎo huò, hǎo huò bù piányi." Suīrán yǒu dàoli, kě bù yídìng dōu shì zhè yàng. Bǐrú wǒmen mài yīfu, xiànzài, chūntiān lái le, dōngtiān de yīfu jiù kāishǐ jiàng jià le. Yàoshi bú kuàidiǎnr mài chūqu, yòu děi fàng bànnián, suǒyǐ jiù piányi diǎnr màidiào, zhìliàng dāngrán bú huì yǒu wèntí.

注释 Notes

1. 头发越来越少。

"越来越"表示程度随着时间的延续而加深。如：

"越来越" expresses that the degree is deepened as the time passes. For example:

（1）天气越来越热了。
（2）书的价钱越来越贵。
（3）我对中国历史越来越感兴趣。

2. 便宜没好货，好货不便宜

这句俗语的意思是货物都以质论价，价钱便宜的一般质量都不太好，而质量好的货物一般价钱都比较贵。提醒人们在购物时，不要只顾贪图价钱便宜而忽视了质量。

This proverb "Nothing cheap is good, and nothing good is cheap", means that the price of products are based on quality; generally speaking, the cheap goods are not of good quality. This law reminds the customers do not buy cheap goods but value the quality.

3. 换季降价

出售服装的商店，随着季节的变化，更换出售服装的种类。过季的服装常常摆放在次要的位置，价钱有较大幅度的下降，叫做"换季降价"。

Clothes shops changed the clothes at different seasons. The out-dated clothes are normally put at minor positions with reduced prices, which is called "seasonal reductions".

4. 一分钱一分货

这句俗语说的是货物按质论价,货物价钱的贵贱随着它的质量的高低而变化,货物的每一分价值都反映它的每一分质量。

This proverb "you get what you paid for", says that the price is varied according to its quality, and the price of goods reflects its quality.

5. 便宜点儿卖掉

"掉"用在动词后边,表示动词所对应的东西从有到无,从存在到消失。比如:

"掉" is used after a verb, indicating the object of the verb has disappeared, gone from being present to absent. For example:

（1）他把两个苹果都吃掉了。
（2）拿掉上边这个,下边还有一个。

练习 Exercises

一 用正确的语调读下面的句子
Read the following sentences in correct intonation

1. 看帽子干什么?
2. 你真会开玩笑!
3. 你想买,咱们就挑一顶吧。
4. 价钱降这么多,质量能好吗?
5. 看看又不要钱!
6. 您不来一条吗?
7. 我还是相信"一分钱一分货"。
8. 俗话说:"便宜没好货,好货不便宜。"

二 根据课文内容回答下面的问题
Answer the following questions in your own words according to the text

1. 妻子为什么想买帽子?
2. 女生甲为什么买了两条裤子?
3. 女生乙为什么不买?
4. 便宜的东西质量一定有问题吗?

三 仿照例句，用加点的词语和所提示的词语完成句子
Complete the sentences with the dotted words and the given words as the examples

1. 头发越来越少了，戴上帽子会好看一些。

   > 天气
   > 汉语水平
   > 学过的汉字
   > 参观*的人

2. 你的头发很好看，不用买帽子，不过，天气越来越热，买顶帽子挡挡太阳也不错。

   > 这种衣服的质量很好
   > 这场演出真的不错
   > 我对京剧很感兴趣
   > 我很喜欢看电影

3. 俗话说："便宜没好货"，虽然有道理，可不一定都这样。

   > 她说她能早点儿来
   > 他觉得你的话是对的
   > 你说他能听懂京剧
   > 父母*应该是孩子的朋友

4. 要是不快点儿卖出去，又得放半年，所以就便宜点儿卖掉。

   > 这些东西已经没有了
   > 买这么多水果
   > 这么小的西瓜
   > 这件事已经过去很长时间了

四 理解下面几句话的意思，并谈一谈你的看法，可分组进行讨论

Understand the meanings of the following sentences and talk about your opinion and discuss it in groups

1. 便宜没好货，好货不便宜
2. 换季降价
3. 一分钱一分货

五 分组表演"在商店里发生的事"

Perform the dialogue of "What happens in the store" in groups

人物： 售货员 顾客*甲 顾客乙

Figures: Shop assistant, Customer A and B

情景： 两个人逛商店，不能决定买什么或者买多少，售货员热情地介绍。

Setting: The two customers are shopping in the store, but they can't decide what to buy or how much to buy. The shop assistant helps them warmly.

六 根据提示的话题用所给的词语说一段话（至少要用上五个词语）

Make narrations with the given topics and words (at least five words)

越来越…… 受欢迎 还是 不一定 虽然……可……

精神 当然 最新（式样） 质量

（1） 夏天去商店买帽子。

（2） 介绍一本你学过的比较好的汉语课本。

每课一句

Tiān shēng wǒ cái bì yǒu yòng.
天 生 我 材 必 有 用。
Heaven created me, so I must have some worth.

你知道吗？ Do You Know? (3)

"儿化"与语义

在汉语普通话中有一种语音现象，就是在一些口语常用词后面加一个后缀 [er]，写成汉字是"儿"。这个"儿"不自成音节，而是和前面的音节合在一起，形成"卷舌韵母"。我们把这种现象叫"儿化"。儿化词大多数是名词，也有少数别的词类的词具有儿化形式。一个词是不是儿化，在语义上或语言表达色彩上会有所不同。

(1) "儿化"可以改变词的含义，如：

　　这——这儿　　　　那——那儿

　　前门（北京地名）——前门儿（正门儿）

(2) 儿化词带有小、可爱、轻松、亲昵等语言表达色彩，如：

　　冰棍儿　小孩儿　盘儿　花儿

(3) "儿化"可以改变词性，如：

　　盖（动词）——盖儿（名词）　弯（形容词）——弯儿（名词）

　　画（动词）——画儿（名词）　干（形容词）——干儿（名词）

(4) "儿化"可以使一些短语变成词，在语义上也发生了变化，如：

　　一块（数词+量词）——一块儿（副词，"一起"的意思）

　　一点（数词+名词）——一点儿（名词，少而不定的数量）

在以北京话为代表的一些方言中，"儿化"现象比较多。除了以上列举的对语义有影响的儿化词以外，还有一部分可以儿化也可以不儿化的词，不必学习掌握。但对于有语义差别的儿化词，一定要注意学习掌握。

你都学习了哪些儿化词了？你有信心说好儿化词吗？

The Retroflex Ending and its Semantic Meaning

In mandarin, there is a phenomenon in pronunciation——adding a suffix [er] to some idioms. Written in Chinese character, the suffix is "儿". "儿" is not a syllable by itself here. Preceding by a word, however, it forms "the retro flex final". We call this phenomenon the "retro flex ending". Words with retroflex endings are often nouns. Some words in other parts of speech also have retroflex endings. A word with a retroflex ending often conveys a semantic meaning or implication, differed from the meaning without it.

(1) The retroflex ending may change the word's meaning, for example:

　　这 (this) ——这儿 (here)　　那 (that) ——那儿 (there)

　　前门 (a place in Beijing) ——前门儿 (front door, main entrance)

(2) The retroflex ending implies the quality of smallness, loveliness, light-heartedness, intimacy, for example:

冰棍儿 小孩儿 盘儿 花儿

(3) The retroflex ending may alter the word's part of speech, for example:

盖（cover，verb）——盖儿（lid，noun）

弯（curved，adjective）——弯儿（curve，noun）

画（draw，verb）——画儿（drawing，noun）

干（dry，adjective）——干儿（raisins，noun）

(4) The retroflex ending can turn some phrases into words, and change their semantic meanings, for example:

一块（a piece，numeral + measure word）——一块儿（together，adverb）

一点（one o'clock，numeral+ noun）——一点儿（small and uncertain quantilty，noun）

In some dialects represented by the Beijing dialect, there are many phenomena of retro-flex endings. You don't have to pay too much attention to the words, which meanings do not change with or without a retroflex ending. But you must learn by heart the words that meanings are changed with a retroflex ending.

Which words with retroflex endings have you already learnt? Are you confident of using them correctly?

第十三课 我想给她买件礼物
Wǒ xiǎng gěi tā mǎi jiàn lǐwù

(一)

(方雪青和丽莎在散步 Fang Xueqing and Lisa are taking a walk)

方雪青： 后天是我妈妈的生日，我想给她买件礼物。

丽　莎： 买什么呢？

方雪青： 还没想好。你说呢？

丽　莎： 买束花，或者买个生日蛋糕，都挺好的。

方雪青： 我姐姐已经说了，她买花；还有，我妈妈不喜欢吃甜的。

丽　莎： 那就买她最需要的东西。

方雪青： 对，你一说，我想起来了，我妈妈的毛衣都旧了，我给她买件新的。我最了解我妈妈了，我买的毛衣她一定喜欢。

Fāng Xuěqīng: Hòutiān shì wǒ māma de shēngrì, wǒ xiǎng gěi tā mǎi jiàn lǐwù.

Lìshā: Mǎi shénme ne?

Fāng Xuěqīng: Hái méi xiǎnghǎo. Nǐ shuō ne?

Lìshā:	Mǎi shù huā, huòzhě mǎi ge shēngrì dàngāo, dōu tǐng hǎo de.
Fāng Xuěqīng:	Wǒ jiějie yǐjīng shuō le, tā mǎi huā; Háiyǒu, wǒ māma bù xǐhuan chī tián de.
Lìshā:	Nà jiù mǎi tā zuì xūyào de dōngxi.
Fāng Xuěqīng:	Duì, nǐ yì shuō, wǒ xiǎng qǐlái le, wǒ māma de máoyī dōu jiù le, wǒ gěi tā mǎi jiàn xīn de. Wǒ zuì liǎojiě wǒ māma le, wǒ mǎi de máoyī tā yídìng xǐhuan.

（二）

（商店广播 Store announcement）

顾客朋友，您好，欢迎您光临。本店服装品种多，质量好，价钱合理，服务周到，受到很多顾客朋友的欢迎。希望您经常光临本店。谢谢。

Gùkè péngyou, nín hǎo, huānyíng nín guānglín. Běn diàn fúzhuāng pǐnzhǒng duō, zhìliàng hǎo, jiàqian hélǐ, fúwù zhōudào, shòudào hěn duō gùkè péngyou de huānyíng. Xīwàng nín jīngcháng guānglín běn diàn. Xièxie.

（三）

（第二天在商店里 The next day in the shop）

方雪青：	您好。
售货员：	您好。您要买什么？
方雪青：	我不是买东西，我有件事要麻烦您。
售货员：	什么事？请说吧。
方雪青：	这是我昨天在这儿买的毛衣，想给我妈妈做生日礼物，可是回去让她一试，不太合适，有点儿瘦，我想换一件肥一点儿的，行吗？
售货员：	这种毛衣卖得特别快，不知道还有肥点儿的没有，您等一下，我去看看。

（售货员找了一会儿 The salesclerk looked for a while）

售货员：	真对不起，没有肥的了。您看看别的吧。
方雪青：	这怎么办呢？我妈妈特别喜欢这件毛衣的颜色和式样。
售货员：	您母亲什么时候过生日？
方雪青：	明天。

售货员：	您看这样行不行，请您把手机号给我，我们去想办法，一有消息就和您联系。
方雪青：	那太好了，我真不知道该怎么谢您了。
售货员：	没什么。

Fāng Xuěqīng: Nín hǎo.

Shòuhuòyuán: Nín hǎo. Nín yào mǎi shénme?

Fāng Xuěqīng: Wǒ bú shì mǎi dōngxi, wǒ yǒu jiàn shì yào máfan nín.

Shòuhuòyuán: Shénme shì? Qǐng shuō ba.

Fāng Xuěqīng: Zhè shì wǒ zuótiān zài zhèr mǎi de máoyī, xiǎng gěi wǒ māma zuò shēngrì lǐwù, kěshì huíqu ràng tā yí shì, yǒudiǎnr shòu, bú tài héshì, wǒ xiǎng huàn yí jiàn féi yìdiǎnr de, xíng ma?

Shòuhuòyuán: Zhè zhǒng máoyī mài de tèbié kuài, bù zhīdao hái yǒu féidiǎnr de méiyǒu, nín děng yíxià, wǒ qù kànkan.

Shòuhuòyuán: Zhēn duìbuqǐ, méiyǒu féi de le. Nín kànkan biéde ba.

Fāng Xuěqīng: Zhè zěnme bàn ne? Wǒ māma tèbié xǐhuan zhè jiàn máoyī de yánsè hé shìyàng.

Shòuhuòyuán: Nín mǔqīn shénme shíhou guò shēngrì?

Fāng Xuěqīng: Míngtiān.

Shòuhuòyuán: Nín kàn zhèyàng xíng bu xíng, qǐng nín bǎ shǒujī hào gěi wǒ, wǒmen qù xiǎng bànfǎ, yì yǒu xiāoxi jiù hé nín liánxì.

Fāng Xuěqīng: Nà tài hǎo le, wǒ zhēn bù zhīdao gāi zěnme xiè nín le.

Shòuhuòyuán: Méi shénme.

（四）

（方雪青对妈妈说 Fang Xueqing says to Mom）

妈妈，您穿上这件毛衣显得更年轻了。我就知道您穿上它一定漂亮。这种毛衣特别受欢迎，才几天就卖完了。我真感谢那位热情的售货员，因为有了他的帮助，我才买到这么理想的礼物。

Māma, nín chuānshang zhè jiàn máoyī xiǎnde gèng niánqīng le. Wǒ jiù zhīdao nín chuānshang tā yídìng piàoliang. Zhè zhǒng máoyī tèbié shòu huānyíng, cái jǐ tiān jiù màiwán le. Wǒ zhēn gǎnxiè nà wèi rèqíng de shòuhuòyuán, yīnwèi yǒule tā de bāngzhù, wǒ cái mǎidào zhème lǐxiǎng de lǐwù.

注释 Notes

1. 买束花，或者买个生日蛋糕，都挺好的。

连词"或者"用在陈述句中，表示选择关系，提出供选择的两种可能性，可以任选其中的一种。如：

"或者" is a conjunction used in a statement, expressing a relation of selection. It provides two optional possibilities, either of which can be selected. For example:

（1）只有一张票了，或者你去，或者他去，不能两个人都去。
（2）晚饭在食堂吃或者去饭馆吃都行，随你的便。

2. 欢迎您光临。

敬词，称客人到来。用于欢迎词或请柬中。如：

This term of respect is used to greet guests on arrival. It is used in terms of greeting or invitation. For example:

（1）欢迎光临！
（2）敬请光临！

3. 本店

"本"用来指称自己方面的。如：
"本" is used to indicate one's own. For example:

本校、本国、本人、本市、本公司

4. 才几天就卖完了

才，副词，用在数量词前表示数量少。如：
才, adverb, used in front of an quantifier to express a small amount. For example:

（1）我来中国才两个月。
（2）他才12岁。

练习 Exercises

一 用正确的语调读下面的句子
Read the following sentences in correct intonation

1. 买束花，或者买个生日蛋糕，都挺好的。
2. 我最了解我妈妈了。

3. 我有件事要麻烦您。
4. 您母亲什么时候过生日？
5. 我们去想办法，一有消息就和您联系。
6. 我真不知道该怎么谢您了。
7. 您穿上这件毛衣显得更年轻了。
8. 我真感谢那位热情的售货员。

二　根据课文内容用自己的话回答问题

Answer the questions in your own words according to the text

1. 方雪青想给妈妈买什么生日礼物？为什么？
2. 为什么方雪青第二天又去了商店？
3. 售货员为什么问方雪青的手机号码？
4. 方雪青换了毛衣没有？售货员是怎么帮助她的？

三　替换练习 Substitution drills

1. 我真不知道该怎么<u>谢您了</u>。

   对你说
   帮助他
   告诉他
   感谢她

2. <u>这种毛衣特别受欢迎</u>，才<u>几天就卖完了</u>

他去了	两个星期
两斤苹果	十块钱
已经八点了	来了几个人
那孩子	五岁就上学了

3. 因为<u>有了他的帮助</u>，（所以）我才<u>买到这么理想的礼物</u>。

回家一试衣服不合适	来商店换一下
我不明白	来问你
我觉得你对我好	相信你
票卖完了	来电影院门口等退票*

四 仿照例句，用提示的话题和加点的词语会话
Make dialogues with the given topics and the dotted words as the examples

1. 例：甲：后天是我妈妈的生日，我还没想好给她买什么礼物，你说呢？
   乙：买束花，或者买个生日蛋糕，都挺好的。
   甲：我姐姐说她买花；还有，我妈妈不喜欢吃甜的。
   乙：那就买她最需要的东西。
   甲：对，你一说，我想起来了，我给她买件新毛衣。
   （1）明天第一次去朋友家，不知道该带什么礼物。
   （2）请朋友吃饭，不知道去哪个饭馆好。
   （3）今天的汉语作业是写一件有意思的事，可是没想好该写什么。

2. 例：甲：这种毛衣卖得怎么样？
   乙：这种毛衣特别受欢迎，才几天就卖完了。
   （1）这种自行车怎么样？
   （2）这部电影怎么样？
   （3）他的汉语学得么样？

五 用所给的词语分组将提示的情况表演出来
Perform the given situations in groups by using the following words

参考词语 Words and expressions for reference
麻烦您　我想……，行吗？　你看这样行不行　显得
一……就……

人物 Characters
顾客　1~2人　　售货员 1人
（1）顾客新买的衣服不合适，回来退换*。
（2）顾客新买的东西出现了问题，顾客要退换。
（3）顾客买了东西回家以后，别人说不好，顾客也觉得不满意了，来商店退换。

六 谈一谈 Discussion
1. 你的家人或者朋友过生日，你一般送礼物吗？送什么样的礼物？
2. 你每年怎么过生日？
3. 你听过商店里的广播吗？广播一般说什么内容？
4. 在你们国家，如果买了的东西有问题，顾客要退换，商店一般怎么办？你有过这样的经历吗？

七 成段表达 Narration

一次买东西的经历。

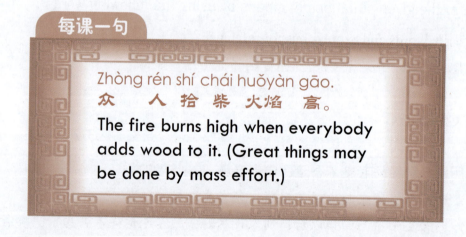

每课一句

Zhòng rén shí chái huǒyàn gāo.
众 人 拾 柴 火 焰 高。
The fire burns high when everybody adds wood to it. (Great things may be done by mass effort.)

第十四课

Wǒ zuì xǐhuan guàng shūdiàn le
我最喜欢逛书店了

（一）

（周六，杰夫见到安妮 Saturday, Jeff meets Annie）

杰　夫：　安妮，好久不见，去哪儿啊？

安　妮：　去书店看看，买几本书。

杰　夫：　买什么呀，想看什么书，到图书馆去借，多方便。

安　妮：　图书馆新书太少，而且常常借不着。我最喜欢逛书店了，逛书店的感觉可好了。

杰　夫：　改天再去吧。

安　妮：　怎么？

杰　夫：　你看今天天气这么好，还不如找几个朋友去划船呢。

安　妮：　这个……

杰　夫：　我最近正在看一本新书，你一定喜欢。

安　妮：　什么书？借我看看吧。

杰　夫：　你得先答应我，和我们一起去划船。

安 妮： 好吧，我答应你。快告诉我，什么书？

Jiéfū: Ānnī, hǎojiǔ bú jiàn, qù nǎr a?
Ānnī: Qù shūdiàn kànkan, mǎi jǐ běn shū.
Jiéfū: Mǎi shénme ya, xiǎng kàn shénme shū, dào túshūguǎn qù jiè, duō fāngbiàn.
Ānnī: Túshūguǎn xīn shū tài shǎo, érqiě chángcháng jiè bu zháo. Wǒ zuì xǐhuan guàng shūdiàn le, guàng shūdiàn de gǎnjué kě hǎo le.
Jiéfū: Gǎi tiān zài qù ba.
Ānnī: Zěnme?
Jiéfū: Nǐ kàn jīntiān tiānqì zhème hǎo, hái bùrú zhǎo jǐ ge péngyou qù huá chuán ne.
Ānnī: Zhè ge...
Jiéfū: Wǒ zuìjìn zhèngzài kàn yì běn xīn shū, nǐ yídìng xǐhuan.
Ānnī: Shénme shū? Jiè wǒ kànkan ba.
Jiéfū: Nǐ děi xiān dāying wǒ, hé wǒmen yìqǐ qù huá chuán.
Ānnī: Hǎo ba, wǒ dāying nǐ. Kuài gàosu wǒ, shénme shū?

（二）

（周日，安妮去找杰夫 Sunday, Annie looks for Jeff）

安 妮： 还你书。

杰 夫： 这么快就看完了？

安 妮： 我昨晚一夜没睡，一口气就看完了。

杰　夫：	你又开夜车了！
安　妮：	没事儿，我习惯了。
杰　夫：	书很不错吧？
安　妮：	太棒了。
杰　夫：	我说你一定会喜欢的。
安　妮：	我特别喜欢最后一部分。
杰　夫：	我也是。
安　妮：	哪个书店可以买到这本书？我去买一本。
杰　夫：	不用去书店，网上买很方便。你都看完了，还买什么？
安　妮：	一位中国朋友快结婚了，我想送她这本书做礼物。
杰　夫：	你还是要去书店啊。

Ānnī:	Huán nǐ shū.
Jiéfū:	Zhème kuài jiù kànwán le?
Ānnī:	Wǒ zuówǎn yí yè méi shuì, yìkǒuqì jiù kànwán le.
Jiéfū:	Nǐ yòu kāi yèchē le!
Ānnī:	Méishìr, wǒ xíguàn le.
Jiéfū:	Shū hěn búcuò ba?
Ānnī:	Tài bàng le.
Jiéfū:	Wǒ shuō nǐ yídìng huì xǐhuan de.
Ānnī:	Wǒ tèbié xǐhuan zuìhòu yí bùfen.
Jiéfū:	Wǒ yě shì.
Ānnī:	Nǎge shūdiàn kěyǐ mǎidào zhè běn shū? Wǒ qù mǎi yì běn.
Jiéfū:	Búyòng qù shūdiàn, wǎng shang hěn fāngbiàn. Nǐ dōu kànwán le, hái mǎi shénme?
Ānnī:	Yí wèi Zhōngguó péngyou kuài jié hūn le, wǒ xiǎng sòng tā zhè běn shū zuò lǐwù.
Jiéfū:	Nǐ háishì yào qù shūdiàn a!

（三）

（安妮说 Annie says）

　　我非常喜欢看小说。除了美国小说以外，我还看过许多翻译成英文的外国小说。我也很喜欢中国文学，真希望将来有一天，我能看懂中文原著。来中国以后，我每天都写一篇日记，我打算一直写下去。我也试过用中文写日记，不过实在太难了。希望有一天，我能完全用中文写文章，要是那样就好了！

Wǒ fēicháng xǐhuan kàn xiǎoshuō. Chúle Měiguó xiǎoshuō yǐwài, wǒ hái kànguo xǔduō fānyì chéng Yīngwén de wàiguó xiǎoshuō. Wǒ yě hěn xǐhuan Zhōngguó wénxué, zhēn xīwàng jiānglái yǒu yì tiān, wǒ néng kàndǒng Zhōngwén yuánzhù. Lái Zhōngguó yǐhòu, wǒ měitiān dōu xiě yì piān rìjì, wǒ dǎsuan yìzhí xiě xiàqu. Wǒ yě shìguo yòng Zhōngwén xiě rìjì, búguò shízài tài nán le. Xīwàng yǒu yì tiān, wǒ néng wánquán yòng Zhōngwén xiě wénzhāng, yàoshi nàyàng jiù hǎo le!

注 释　Notes

1. 图书馆新书太少，而且常常借不着。

"不着"是可能补语，表示动作没有达到预期的目的，未取得预想的结果。如"买不着""找不着"。意思相反的是"V+得+着"，如："买得着""找得着"等。

"不着" is a complement of possibility, indicating that the action can't reach the expected target or gain the anticipated result. For example,"买不着""找不着". The opposite expression is "verb+得+着", for example: "买得着""找得着" and so on.

2. 一口气就看完了。

"一口气"在这里是指动作连续不断。如：
"一口气" here indicates that the continuous action. For example:
（1）小李一口气喝完了一瓶水。
（2）他一口气写完了一篇五千字的文章。
（3）那个人一口气说出了十几个菜名。

3. 你又开夜车了。

"开夜车"用来比喻夜间不休息，连续工作或学习的情况。如：
"开夜车"（stay up all night）is used as a metaphor to indicate hard working overnight. For example:
（1）甲："你今天好像不太精神。"
　　乙："我昨天开了夜车，只睡了三四个小时。"

（2）甲："又开夜车了吧？看，你眼睛都红了！"
　　　乙："没办法，这几天有考试，不开夜车不行啊！"

4. 真希望将来有一天，我能看懂中文原著。

"有一天"可以表示"过去的某一天"，也可以表示"将来的某一天"，在本课中是后者。
"有一天" can indicate "someday in the past" or "someday in the future". In this text it refers to the latter.

5. 我打算一直写下去

这里"下去"用在动词的后面，表示动作继续进行。如：
Here "下去" is used after a verb, meaning the continuity of an action. For example:
我对你的话题很感兴趣，请说下去。

练 习　Exercises

一　用正确的语调读下面的句子
Read the following sentences in correct intonation

1. 好久不见，去哪儿啊？
2. 买什么呀，想看什么书，到图书馆去借，多方便。
3. 图书馆新书太少，而且常常借不着。
4. 我喜欢逛书店了。
5. 这么快就看完了？
6. 你又开夜车了！
7. 我说你一定会喜欢的。
8. 我特别喜欢最后一部分。

二　根据课文内容用自己的话回答下面的问题
Answer the following questions in your own words according to the text

1. 丽莎为什么去书店买书，不去图书馆借书？
2. 杰夫借给丽莎的新书怎么样？
3. 丽莎用多长时间读完了那本新书？
4. 安妮喜欢看什么书？

三 复述第一、二段对话的内容 Retell Dialogue 1 and 2

1. 星期六，杰夫见到安妮……
2. 星期天，安妮去找杰夫……

四 正确理解加点词语或句子的意思，然后用它们再说一句话

Make sure of the meanings of the dotted words or sentences, and then make a new sentence for each

1. 图书馆新书太少，而且常常借不着。
2. 你得答应我，和我们一起去划船。
3. 我打算一直写下去。

五 体会加点词语的意思，模仿完成对话

Make sure of the meanings of the dotted words, and complete the dialogues as the examples

1. 例：甲：我想去书店看看，买点儿书。
   乙：买什么呀，想看什么书，到图书馆去借，多方便。
   （1）下雨了，真好！
   （2）我一个人去有点儿害怕*。
   （3）时间不早了，我得回家做饭去了。
   （4）今天晚上我要在宿舍写信，不出去玩儿了。

2. 例：甲：想看什么书，到图书馆去借，多方便。
   乙：图书馆新书太少，而且常常借不着。
   （1）你怎么那么不喜欢逛街？
   （2）最近你的身体怎么样？
   （3）今天天气好，咱们去爬山吧。
   （4）要是你有钱，你喜欢买什么样的房子？

3. 例：甲：我想去逛街，买点儿东西。
   乙：你看今天天气这么好，还不如找几个朋友一起去划船呢。
   （1）我想晚上去看演出。
   （2）咱们打的去吧。
   （3）明天是我朋友的生日，我想送给他一盒*巧克力。
   （4）我想一放假就回家。

4. 例：甲： 这本书你这么快就看完了？

　　　乙： 我昨晚一夜没睡，<u>一口气</u>就看完了。

（1）刚才放在这儿的三瓶矿泉水你都喝了？

（2）他游泳游得好吗？

（3）那么多作业你都做完了？

（4）这么长的文章你都记住了？

六 用下面的词根据提示说一段话

Make a narration with the following words (at least ten of them) according to the given expressions

除了……以外　　希望　　将来有一天　　打算　　一直　　……下去
试过　　不过　　实在　　完全　　要是那样就好了

（1）我特别喜欢……

（2）我学过很多种语言*，……

（3）我每个假期都出去旅行，……

七 谈一谈 Have a talk

1. 你喜欢逛书店吗？为什么？
2. 你喜欢看什么样的书？
3. 你看过中国小说吗？
4. 你有开夜车的习惯吗？你觉得这个习惯怎么样？
5. 你有写日记的习惯吗？如果有，是从什么时候开始的？你认为*写日记有什么好处*？

八 成段表达 Narration

"我喜爱*的一本书"

每课一句

Jūnzǐ zhī jiāo dàn rú shuǐ.
君子之交淡如水。
A hedge between keeps friendship green.

第十五课 实在对不起
Shízài duìbuqǐ

（一）

（骑车人甲撞倒了骑车人乙 Cyclist Jia ran down Cyclist Yi）

甲：对不起，真对不起，光顾想事了，没看见您过来。

乙：对不起，是我不好，骑得太快了。您摔疼了没有？

甲：没事儿，没事儿。

乙：实在对不起。

甲：真的没事儿，您骑上走吧。不过，以后您别骑那么快了。

乙：对，对，我记住了。

Jiǎ: Duìbuqǐ, zhēn duìbuqǐ, guāng gù xiǎng shì le, méi kànjiàn nín guòlai.

Yǐ: Duìbuqǐ, shì wǒ bù hǎo, qí de tài kuài le. Nín shuāiténg le méiyǒu?

Jiǎ: Méi shìr, méi shìr.

Yǐ: Shízài duìbuqǐ.

Jiǎ: Zhēn de méi shìr, nín qíshang zǒu ba. Búguò, yǐhòu nín bié qí nàme kuài le.

Yǐ: Duì, duì, wǒ jìzhù le.

（二）

（骑车人丙、丁在路上相撞了 Cyclist Bing and Ding were collided on the street）

丙： 怎么骑车的？没长眼睛吗？

丁： 你怎么说话呢？真没礼貌。

行人： 别吵了，别吵了，你们互相让一下嘛。

丁： 您说得对，我没撞他，是他撞我的，他应该道歉。

丙： 我道歉？是你撞我的，你应该赔我的车。

丁： 是你骑得太快，你应该道歉。

丙： 你什么态度？

行人： 算了，算了，走吧，这么多人围着看，路都堵上了。

Bǐng: Zěnme qí chē de? Méi zhǎng yǎnjing ma?

Dīng: Nǐ zěnme shuō huà ne? Zhēn méi lǐmào.

Xíngrén: Bié chǎo le, bié chǎo le, nǐmen hùxiāng ràng yíxià ma.

Dīng: Nín shuō de duì, wǒ méi zhuàng tā, shì tā zhuàng wǒ de, tā yīnggāi dào qiàn.

Bǐng: Wǒ dào qiàn? Shì nǐ zhuàng wǒ de, nǐ yīnggāi péi wǒ de chē.

Dīng: Shì nǐ qíde tàikuài, nǐ yīnggāi dào qiàn.

Bǐng: Nǐ shénme tàidu?

Xíngrén: Suàn le, suàn le, zǒu ba, zhème duō rén wéizhe kàn, lù dōu dǔshang le.

（三）

（两个人没走人行横道 Two people did not walk the crosswalk）

警察： 你们两位，请走人行横道。

甲、乙： 好的，好的。

乙： 现在正好是绿灯，快过马路！

甲： 来不及了，已经变黄灯了。

乙： 没事儿，咱们可以过去！

甲： 不行！

乙： 你真麻烦。

甲: 还是小心一点儿好。

乙: 这个灯怎么变得那么慢？

甲: 等等吧。安全第一。

Jǐngchá: Nǐmen liǎng wèi, qǐng zǒu rénxíng héngdào.

Jiǎ、Yǐ: Hǎo de, hǎo de.

Yǐ: Xiànzài zhènghǎo shì lǜ dēng, kuài guò mǎlù!

Jiǎ: Láibují le, yǐjīng biàn huáng dēng le.

Yǐ: Méi shìr, zánmen kěyǐ guòqu!

Jiǎ: Bù xíng!

Yǐ: Nǐ zhēn máfan.

Jiǎ: Háishi xiǎoxīn yìdiǎnr hǎo.

Yǐ: Zhè ge dēng zěnme biàn de nàme màn?

Jiǎ: Děngdeng ba. Ānquán dì yī.

（四）

（警察说 A policeman says）

我们的城市里车多人多，骑自行车的也多。要是有的人不遵守交通规则，就会发生交通事故。只要每个人都注意遵守交通规则，很多不愉快的事就不会发生了。

Wǒmen de chéngshì li chē duō rén duō, qí zìxíngchē de yě duō. Yàoshi yǒude rén bù zūnshǒu jiāotōng guīzé, jiù huì fāshēng jiāotōng shìgù. Zhǐyào měi ge rén dōu zhùyì zūnshǒu jiāotōng guīzé, hěn duō bù yúkuài de shì jiù bú huì fāshēng le.

注 释 Notes

1. 没长眼睛吗？

"没长眼睛"是一句责骂的话，指责对方没注意看，因而闯下了祸事。这是很不礼貌的语言。如：

"没长眼睛" is a bad language to criticize another person for being absent-minded and consequently cause an accident. This is a very rude way of saying so. For example:

（1）你没长眼睛吗，怎么往我的车上撞！
（2）谁没长眼睛，把我的自行车碰倒了！

2. 好的

应答句，意思和"好""行"相同，表示痛快地答应对方的要求或者建议。

A response to a request, with the same meaning as "好" and "行", which is a positive answer without hesitation to the request or suggestion.

3. 来不及了

"来不及"意思是剩余的时间不够做某事，相对的意思是"来得及"。如：

"来不及" means there is not enough time remaining to complete a task, the opposite meaning is "来得及". For example:

（1）只有十五分钟了，来得及吗？
（2）八点上课，现在已经七点五十了，来不及吃早饭了。

4. 有的人

"有的"后边常跟名词。如："有的人""有的车""有的国家"等等。有时"有的"后边省略了名词，但是所表示的名词是前边提到的，或者是说话双方都明了的。如：

"有的" often precedes a noun, for example, "有的人" "有的车" "有的国家", etc. Sometimes the noun following "有的" is omitted, but the noun should be mentioned before, or is clear to both the speaker and listener. For example:

（1）来中国的留学生，有的是日本人，有的是韩国人。
（2）这些菜我有的爱吃，有的不爱吃。

练 习 Exercises

一 用正确的语调读下面的句子
Read the following sentences in correct intonation

1. 真对不起，光顾想事了，没看见您过来。
2. 您摔疼了没有？
3. 以后您别骑那么快了。

4. 我记住了。

5. 你们互相让一下嘛。

6. 请走人行横道。

7. 还是小心一点儿好。

8. 安全第一。

二 说一说下面各词组或句子的含义
Talk about the meanings of the following sentences or expressions

1. 想事
2. 没长眼睛
3. 互相让一下
4. 赔车
5. 你什么态度？
6. 安全第一

三 体会加点词语的意思，模仿完成对话
Make sure of the meanings of the dotted words, and complete the dialogues as the examples

1. 例：甲： 你怎么骑车的？

    乙： 对不起，我光顾想事了，没看见您过来。

    （1）小王，你怎么不给客人倒*茶？

    （2）昨天的作业你做完了吗？

    （3）刚才小张说什么，你听见了吗？

    （4）大家都下车了，你怎么还不下车？

2. 例：甲： 他撞了我，还不讲道理，什么态度？我一定要好好和他说说。

    乙： 算了，走吧，围着看的人多了，该堵车了。

    （1）已经七点了，快做晚饭吧！

    （2）电影都开始半个小时了，你说还去不去？

    （3）这个菜放在冰箱*里已经两天了，还能吃吗？

    （4）我的自行车坏了，得去修一修才行。

3. 例：甲： 你们两位，请走人行横道。

　　　　乙： 好的。

（1）到家以后给我来一个电话。

（2）回去以后好好儿睡一觉。

（3）告诉他别为我担心。

（4）别老开夜车！

4. 例：甲： 怎么能让撞车的事情少一点儿呢？

　　　　乙： 只要每个人都注意遵守交通规则，很多不愉快的事就不会发生了。

（1）我的身体老不好，怎么办？

（2）学汉语有什么好办法？

（3）寄快递方便吗？

（4）我每天早上都起不来。

四 根据课文内容和你的经历，回答下面的问题

Answer the following questions according to the text and your experience

1. 骑车人丙和丁为什么吵架？你看见过这样的事吗？
2. 你见过车撞车、车撞人的事吗？他们是怎样解决*的？

五 根据提示的话题，用所给的词语说一段话

Make a narration with the following words according to the given topics

比如　　……啦……啦　　所以　　实在　　只要……就……

（1）你为什么学习汉语？遇到过什么困难？怎么解决的？

（2）有个人第一次来中国，不懂汉语，遇到的困难。

（3）你的同屋*病了，你替他向老师请假。

六 看下面有关交通的图示，说一说有关的交通规则

Have a look at the traffic instructions, and talk about the relative traffic rules

七 分组表演 Perform in groups

内容 Scene　　　　在马路上，骑车人撞了一个过马路的人
人物 Characters　　甲：骑车人　乙：过马路的人　丙：过路人　丁：警察
要求 Requirements

（1）问对方怎么样。
（2）问对方哪儿受伤*了。
（3）道歉。
（4）过路人问发生了什么事。
（5）警察帮助解决问题。

八 谈一谈 Have a talk

1. 在你们国家，最常用的交通工具*是什么？
2. 你们国家的交通情况*怎么样？
3. 介绍一下你现在住的城市的交通情况。

每课一句

Rén wú yuǎn lǜ, bì yǒu jìn yōu.
人无远虑，必有近忧。
If a man fails to consider afar, trouble will be nigh.

第十六课 Wǒ gāi lǐ fà le
我该理发了

（一）

（课前，在教室里 Before class, in the classroom）

彼 得： 我该理发了。你知道哪儿理得好吗？
杰 夫： 我从来不去理发店，我的头发都是自己理。
彼 得： 是吗？你真能干。
杰 夫： 这有什么？用不了几分钟就好。敢让我给你理吗？
彼 得： 有什么不敢的？

Bǐdé: Wǒ gāi lǐ fà le. Nǐ zhīdao nǎr lǐ de hǎo ma?

Jiéfū: Wǒ cónglái bú qù lǐfàdiàn, wǒ de tóufa dōu shì zìjǐ lǐ.

Bǐdé: Shì ma? Nǐ zhēn nénggàn.

Jiéfū: Zhè yǒu shénme? Yòng bu liǎo jǐ fēnzhōng jiù hǎo. Gǎn ràng wǒ gěi nǐ lǐ ma?

Bǐdé: Yǒu shénme bù gǎn de?

（二）

（在理发店 In the barber shop）

理发师： 先生，请这边来。

朴志永： 该我了吗？

理发师： 是的。您要怎么理？

朴志永： 我的要求很简单，剪短一点儿就行了。

理发师： 好。

（开始理发 Start to haircut）

理发师： 您看，剪掉这么多行了吗？

朴志永： 这儿再剪一点儿。

理发师： 好的。

（过了一会儿 After a while）

理发师： 剪好了，要洗头吗？

朴志永： 要。

理发师： 吹不吹？

朴志永： 吹吹吧。

（吹风后 After drying his hair）

理发师： 好了。您照镜子看看，满意吗？

朴志永： 挺满意的，谢谢！

理发师： 我觉得您的头发挺好的，如果染一下就更帅了，现在流行染发。

朴志永： 谢谢，可是我不喜欢流行的东西，大家都一样，没意思。

Lǐfàshī: Xiānsheng, qǐng zhèbiān lái.

Piáo Zhìyǒng: Gāi wǒ le ma?

Lǐfàshī: Shì de. Nín yào zěnme lǐ?

Piáo Zhìyǒng: Wǒ de yāoqiú hěn jiǎndān, jiǎnduǎn yìdiǎnr jiù xíng le.

Lǐfàshī: Hǎo.

Lǐfàshī: Nín kàn, jiǎndiào zhème duō xíng le ma?

Piáo Zhìyǒng: Zhèr zài jiǎn yìdiǎnr.

Lǐfàshī:	Hǎo de.
Lǐfàshī:	Jiǎnhǎo le, yào xǐ tóu ma?
Piáo Zhìyǒng:	Yào.
Lǐfàshī:	Chuī bu chuī?
Piáo Zhìyǒng:	Chuīchui ba.
Lǐfàshī:	Hǎo le. Nín zhào jìngzi kànkan, mǎnyì ma?
Piáo Zhìyǒng:	Tǐng mǎnyì de, xièxie!
Lǐfàshī:	Wǒ juéde nín de tóufa tǐng hǎo de, rúguǒ rǎn yíxià jiù gèng shuài le, xiànzài liúxíng rǎn fà.
Piáo Zhìyǒng:	Xièxie, kěshì wǒ bù xǐhuan liúxíng de dōngxi, dàjiā dōu yíyàng, méi yìsi.

（三）

（两个女生聊天儿 Two girl students are chatting）

张　新：	我的头发有点儿少，得去烫一下，可以显得多些。
方雪青：	烫什么，还是直发自然。剪成短发吧，短发精神。
张　新：	不，我不想剪短，只想烫一下。
方雪青：	说得也有道理。那你打算去哪儿烫呢？
张　新：	校门外有家美发厅，听说不错，我想去看看。
方雪青：	你想烫什么发型呢？
张　新：	还没想好。那家美发厅里有"电脑选发"服务，每人可以从28种发型里选出自己最满意的。
方雪青：	是吗？要不要我陪你去？我怕你决定不了。
张　新：	还是你最了解我。

Zhāng Xīn:	Wǒ de tóufa yǒudiǎnr shǎo le, děi qù tàng yíxià, kěyǐ xiǎnde duō xiē.
Fāng Xuěqīng:	Tàng shénme, háishì zhí fā zìrán. Jiǎnchéng duǎnfà ba, duǎnfà jīngshen.
Zhāng Xīn:	Bù, wǒ bù xiǎng jiǎnduǎn, zhǐ xiǎng tàng yíxià.
Fāng Xuěqīng:	Shuō de yě yǒu dàoli. Nà nǐ dǎsuan qù nǎr tàng ne?
Zhāng Xīn:	Xiàomén wài yǒu jiā měifàtīng, tīngshuō búcuò, wǒ xiǎng qù kànkan.
Fāng Xuěqīng:	Nǐ xiǎng tàng shénme fàxíng ne?
Zhāng Xīn:	Hái méi xiǎnghǎo. Nà jiā měifàtīng li yǒu "diànnǎo xuǎn fà" fúwù, měi rén kěyǐ cóng èrshíbā zhǒng fàxíng li xuǎnchū zìjǐ zuì mǎnyì de.

Fāng Xuěqīng: Shì ma? Yào bu yào wǒ péi nǐ qù? Wǒ pà nǐ juédìng bù liǎo.
Zhāng Xīn: Háishì nǐ zuì liǎojiě wǒ.

（四）

（一位理发师说 One barber says）

有人说，头发是人的第二张脸，这话很有道理。爱美的先生和女士都不会只注意自己的服装和脸，不关心自己的头发。美丽的发型可以让年纪大的人显得年轻，让年轻人更漂亮，让他们都更快乐和自信。

Yǒu rén shuō, tóufa shì rén de dì'èr zhāng liǎn, zhè huà hěn yǒu dàoli. Ài měi de xiānsheng hé nǚshì dōu bú huì zhǐ zhùyì zìjǐ de fúzhuāng hé liǎn, bù guānxīn zìjǐ de tóufa. Měilì de fàxíng kěyǐ ràng niánjì dà de rén xiǎnde niánqīng, ràng niánqīngrén gèng piàoliang, ràng tāmen dōu gèng kuàilè hé zìxìn.

注 释 Notes

1. 我**从来**不去理发店

"从来"的意思是"从过去到现在"，强调一直不变的习惯或者行为，常和否定词"不""没"一起使用。如：

"从来" means "from the past until now", emphasizing habits or behavior that never changes. It is often used in conjunction with the negation words "不" "没". For example:

（1）我**从来**不开夜车。
（2）他**从来**不生病，身体真棒！

2. 这有什么？／有什么不敢的？

反问句，"这有什么？"意思是"这没什么"，"有什么不敢的？"意思是"没什么不敢的"（也就是"敢"的意思）。

These are rhetorical sentences, "这有什么？" means "It's nothing". "有什么不敢的？" means "Nothing to scare" （namely, "dare"）.

3. **好了**，您照镜子看看，满意吗？

这里的"好了"是指某种动作已经完成，或某种事情已经做好，是口语常用语。如：

Here "好了" is a phrase frequently used in oral Chinese, meaning that a certain action is finished, or something is done. For example:

（1）到下课时间了，老师说："好了，现在下课！"
（2）孩子："妈妈，饭好了没有？我饿了。"
　　　妈妈："好了，开饭吧。"

4. 烫什么，还是直发自然。

这里的"还是"表示说话人经过比较后选出一种较为满意的情况。如：

Here "还是" indicates that the speaker chooses a more satisfying situation after comparison. For example:

（1）甲："吃食堂又便宜又省事，我觉得吃食堂不错。"
　　　乙："我看还是自己做好，虽然麻烦，可是好吃。"
（2）甲："大夫，我的病是打针好得快还是吃药好得快？"
　　　乙："还是打针好得快些。"

练习　Exercises

一　用正确的语调读下面的句子
Read the following sentences in correct intonation

1. 我从来不去理发店。
2. 你真能干。
3. 敢让我给你理吗？
4. 该我了吗？
5. 我的要求很简单，剪短一点儿就行了。
6. 烫什么，还是直发自然。
7. 说得也有道理。
8. 要不要我陪你去？
9. 我怕你决定不了。

二　根据课文内容，用自己的话回答下面的问题
Answer the following questions in your own words according to the text

1. 杰夫一般在哪儿理发？
2. 朴志永理发时，有什么要求？
3. 张新为什么要烫发？方雪青的意见是什么？
4. "电脑选发"是怎么回事？

5. 方雪青为什么要陪张新去烫发？
6. 为什么说头发是人的第二张脸？

三 替换句中画线部分 Substitute the underlined parts in the sentences

1. 我的头发太长了，该理发了。

八点	上课
十二点	吃饭
人都来	开始
太阳出来	起床

2. 我 从来 不去理发店

他	不吃早饭
我们	没听说过这件事
弟弟	没学过汉语
姐姐	没烫过发

3. 校门外有家美发厅，听说不错。

学校的图书馆盖*好了	里边可漂亮了
他今天穿了新衣服	是他母亲给他做的
那位是新来的同学	他的外语*水平很高
小王的头发很漂亮	是她自己烫的

四 体会加点词语的意思，模仿完成对话

Make sure of the meanings of the dotted words, and complete the dialogues according to the examples

1. 例：甲：你知道哪家理发店理得好吗？
   　　　乙：我从来不去理发店，我的头发都是自己理。

   （1）你知道附近哪家饭馆的菜好吃吗？
   （2）你喜欢打乒乓球吗？
   （3）你知道去书店怎么走吗？
   （4）你会包饺子吗？

2. 例：甲： 你会给自己理发，真能干！
     乙： 这有什么，用不了几分钟就能理好。
   （1）你来中国才三个月，汉语就说得这么好！
   （2）他每天早上六点就起床了。
   （3）那个孩子十几岁就上大学了！
   （4）他一个下午就把那么长的小说看完了，真快！

3. 例：甲： 你敢让我给你理发吗？
     乙： 有什么不敢的？你给我理吧。
   （1）我和你们一起去，行吗？
   （2）晚上你敢一个人出去吗？
   （3）你能一口气把一斤饺子都吃了吗？
   （4）你可以答应我的要求吗？

4. 例：甲： 我想把头发烫一下。
     乙： 烫什么，还是直发自然。
   （1）我想再睡一会儿。
   （2）我想买大房子。
   （3）听说那本书挺有意思的，我想去书店买一本看看。
   （4）我打算每天早上都去跑步。

5. 例：甲： 我刚烫了发，你看怎么样？
     乙： 不错，烫了以后头发显得多些。
   （1）我这么胖，穿这件黑衣服好看吗？
   （2）我从来没穿过红衣服，能好看吗？
   （3）你看我把桌子放在床旁边怎么样？
   （4）我想把长发剪短，你觉得会怎么样？

6. 例：甲： 烫发好看吗？我喜欢直发。
     乙： 你的头发少，烫了以后会显得多一些。
     甲： 说得也有道理，那就烫一下吧。
   （1）我很喜欢孩子，可是一想到有了孩子以后的麻烦事，就不敢要孩子了。
   （2）离考试还有一个月呢，这么早复习干什么？
   （3）那家商店那么远，你为什么老喜欢去那儿呢？
   （4）你在国内也可以学习汉语，为什么要花很多钱到中国来学习呢？

五 情景会话:"在理发店理发"
Situational dialogue: "at the barber's"

参考词语 Words for reference

理发　剪　染　烫　要求　发型　短　长　帅
照镜子　显得　吹风　流行　精神　满意　洗头

六 谈一谈 Have a talk

1. 你一般多长时间理一次发?常去哪儿理发?
2. 你还知道哪些和理发有关的词?
3. 你都理过什么样的发型?你觉得哪种最适合*你?为什么?
4. 对一些奇怪*的发型,你有什么看法?

七 画图说话 Draw a picture and talk about it

"我最喜欢的发型"

第十六课 我该理发了

每课一句

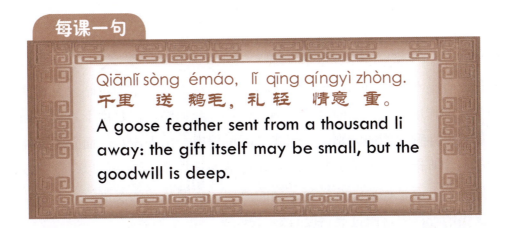

Qiānlǐ sòng émáo, lǐ qīng qíngyì zhòng.
千里送鹅毛，礼轻情意重。
A goose feather sent from a thousand li away: the gift itself may be small, but the goodwill is deep.

你知道吗？ Do You Know? (4)

声调与语义

汉语普通话的显著特点之一是它的声调。声调包括第一、第二、第三、第四声和轻声。高低升降、长短轻重不一的声调，不仅为汉语普通话增添了音乐的美感，更重要的是不同的声调有区别意义的作用。汉语中的许多字词，读音完全相同，但是由于声调不同，它们的意义就不同。如果不注意它们的区别，不但在交际过程中会出现困难，而且还可能闹出一些笑话来，甚至于会让听话人感到莫名其妙，也让说话人觉得难为情。所以，学习汉语普通话，不但要学习好发音，而且还要注意学习正确的声调。声调是初学汉语的人的共同难点，你在学习和运用汉语的过程中，闹过笑话没有？

下面列出的一对一对的词语，每对的发音都相同，你能区别它们的不同声调吗？

Tones and Semantics

One of the distinctive characteristics of standard Mandarin is tones. The tones include the first, second, third, and fourth tones and the neutral tone. The tonal features of high or low, rising or falling, long or short, light or heavy, not only add the musicality in standard Mandarin, but also distinguish different words and meanings. Many words in Chinese, although the pronunciation is completely the same, the tones are different, and thus their meanings are different. If the differences are ignored, embarrassed difficulties in communication might be encountered as well as some jokes. Therefore, to learn standard Mandarin, pronunciation and tones are both valued. Tones are a common difficult point for beginners to learn Chinese. Have you ever made any jokes in the process of learning Chinese?

The examples below are words in pairs, the basic pronunciation of the words are all the same, can you distinguish their tones?

（1）汉语 Chinese
　　 韩语 Korean
（3）眼睛 eyes
　　 眼镜 glasses
（5）小时 hour
　　 小事 a trifle
（7）医生 doctor
　　 一生 a life

（2）经理 manager
　　 经历 experience
（4）我问你 I ask you
　　 我吻你 I kiss you
（6）火车 train
　　 货车 truck
（8）被子 quilt
　　 杯子 a cup

（9） 买鞋 buy shoes
　　　 卖鞋 sell shoes
（10） 注意 pay attention to
　　　 主意 an idea
（11） 愿意 be willing to
　　　 原意 original meaning
（12） 这是汤 this is soup
　　　 这是糖 this is sugar

第十七课 Chūntiān lái le 春天来了

（一）

（在公园里，一个孩子把香蕉皮扔在地上 In a park, a child throws the banana peel on the ground）

妈　妈：宝宝，别把香蕉皮扔在地上，快捡起来！
儿　子：刚才那个叔叔也扔了。
妈　妈：好孩子，爱干净的孩子从来不乱扔脏东西。听妈妈的话，去，捡起来。
儿　子：好，妈妈，我捡起来了，扔到哪儿去呢？
妈　妈：你看见那个绿色的果皮箱了吗？扔到那里去。

Māma: Bǎobao, bié bǎ xiāngjiāopí rēng zài dìshang, kuài jiǎn qǐlai!
Érzi: Gāngcái nà ge shūshu yě rēng le.
Māma: Hǎo háizi, ài gānjìng de háizi cónglái bú luàn rēng zāng dōngxi. Tīng māma de huà, qù, jiǎn qǐlai.
Érzi: Hǎo, māma, wǒ jiǎn qǐlai le, rēngdào nǎr qù ne?
Māma: Nǐ kànjiàn nà ge lǜsè de guǒpíxiāng le ma? Rēngdào nàlǐ qù.

（二）

（几个年轻人坐在草地上 Several young people are sitting on the meadow）

甲：这里真舒服！
乙：记得上大学的时候，咱们每个周末都骑车出来玩儿。
甲：那时候路上车少，可以一边骑车一边看风景。
乙：有一次我骑了四十公里。
丙：现在方便了，有自己的汽车了，也不用那么累了。
甲：那时候累是累，可是一点儿也不觉得。
乙：是啊，在蓝天白云下骑车，多开心啊！
甲：你发现了没有？现在天不如以前蓝了，晚上连星星都很难看到了。
乙：没错儿，都是因为空气被污染了。

Jiǎ: Zhèli zhēn shūfu!
Yǐ: jìde shàng dàxué de shíhou, zánmen měi ge zhōumò dōu qí chē chūlai wánr.
Jiǎ: Nà shíhou lùshang chē shǎo, kěyǐ yìbiān qí chē yìbiān kàn fēngjǐng.
Yǐ: Yǒu yí cì wǒ qíle sìshí gōnglǐ.
Bǐng: Xiànzài fāngbiàn le, yǒu zìjǐ de qìchē le, yě bú yòng nàme lèi le.
Jiǎ: Nà shíhou lèi shì lèi, kěshì yìdiǎnr yě bù juéde.
Yǐ: Shì a, zài lántiān báiyún xià qí chē, duō kāixīn a!
Jiǎ: Nǐ fāxiàn le méiyǒu? Xiànzài tiān bùrú yǐqián lán le, wǎnshang lián xīngxing dōu hěn nán kàndào le.
Yǐ: Méicuòr, dōu shì yīnwèi kōngqì bèi wūrǎn le.

（三）

（安妮说 Annie says）

春天来了，树绿了，草也绿了，很多花儿都开了。除了有时候刮大风、下小雨以外，天气都特别好。外边越来越暖和了，出来散步的人也越来越多了。白天变长了，黑夜变短了，孩子们也可以在外边多玩儿一会儿了。春天我的心情最好了。老师让我们做一个作业：谈谈春天的感觉，我已经准备好了。我还跟一个中国小朋友学了一首春天的歌，我准备给同学们唱唱：

春天在哪里

春天在哪里？
春天在哪里？
春天在那小朋友的眼睛里。
看见红的花呀，
看见绿的草，
还有那会唱歌的小黄鹂。

Chūntiān lái le, shù lǜ le, cǎo yě lǜ le, hěn duō huār dōu kāi le. Chúle yǒu shíhou guā dàfēng, xià xiǎoyǔ yǐwài, tiānqì dōu tèbié hǎo. Wàibian yuè lái yuè nuǎnhuo le, chūlai sàn bù de rén yě yuè lái yuè duō le. Báitiān biàn cháng le, hēiyè biàn duǎn le, háizimen yě kěyǐ zài wàibian duō wánr yíhuìr le. Chūntiān wǒ de xīnqíng zuì hǎo le. Lǎoshī ràng wǒmen zuò yí ge zuòyè: tántan chūntiān de gǎnjué, wǒ yǐjīng zhǔnbèi hǎo le. Wǒ hái gēn yí ge Zhōngguó xiǎopéngyǒu xuéle yì shǒu chūntiān de gē, wǒ zhǔnbèi gěi tóngxuémen chàngchang:

Chūntiān zài nǎli?
Chūntiān zài nǎli?
Chūntiān zài nà xiǎopéngyou de yǎnjing li.
Kànjiàn hóng de huā ya,
Kànjiàn lǜ de cǎo,
Hái yǒu nà huì chàng gē de xiǎo huánglí.

注释 Notes

1. 宝宝

"宝宝"是对小孩的昵称,也说"小宝宝""小宝贝"等。

"宝宝" is a term of endearment said to little children, which can also be said as "小宝宝" and "小宝贝", etc.

2. 多开心啊

"多 + 形容词 + 啊"是感叹句,就是"多么 + 形容词 + 啊"的意思,和"真 + 形容词"差不多。如:

"多 + adjective + 啊" is an exclamatory sentence. It's equal to "多么 + adjective + 啊", almost the same as "真 + adjective". For example:

(1)今天天气多冷啊!
(2)你的发型多美啊!

3. 了(小结)

"了"(brief sum-up)

"了"的主要用法有:

The main usages of "了" are as follows:

(1)用在动词的后边,表示动作的完成。如:

Followed by a verb, meaning the completion of an action. For example:

(1)我跟中国小孩儿学了一首中国歌。
(2)我已经准备好了。

(2)用在形容词或者动词的后边,表示事态有了变化。如:

Followed by an adjective or a verb, indicating the change of the situation. For example:

(1)树绿了,草也绿了,很多花都开了。
(2)外边越来越暖和了。
(3)白天变长了。
(4)不用那么累了。

(3)表示对现有情况的一种肯定。如:

Indicating affirmation to the present situation. For example:

春天我的心情最好了。

练习 Exercises

一 用正确的语调读下面的句子

Read the following sentences in correct intonation

1. 别把香蕉皮扔在地上，快捡起来！
2. 爱干净的孩子从来不乱扔脏东西。
3. 记得上大学的时候，咱们每个周末都骑车出来玩儿。
4. 在蓝天白云下骑车，多开心啊！
5. 现在天不如以前蓝了。
6. 没错儿。
7. 都是因为空气被污染了。
8. 白天变长了，黑夜变短了。
9. 春天我的心情最好了。

二 根据课文内容，用自己的话回答下面的问题

Answer the following questions in your own words according to the text

1. 孩子把香蕉皮扔在哪儿了？
2. 青年乙上大学的时候周末常怎么玩儿？
3. 为什么现在天不如以前蓝了？
4. 安妮为什么在春天的时候心情最好？

三 替换句中画线部分的词语

Substitute the underlined words in the following sentences

1. <u>现在有自己的汽车了</u>，不用<u>那么累</u>了。

明天是周六	去上课
我已经买回来了	再买
警察来了	打电话
有了搬家公司	麻烦亲戚朋友

2. 现在天　　　　　不如　以前蓝了。

> 南方人　　　　　北方人爱吃咸的
> 商店里的东西　　网上的东西便宜
> 手写　　　　　　用电脑写得快
> 寄信　　　　　　发 E-mail 方便

3. 除了有时候刮大风，下小雨以外，天气　　　　都　特别好。

> 老师　　　　　　坐在教室里的　　不是中国人
> 星期三　　　　　每天　　　　　　有四节课
> 北京　　　　　　什么地方　　　　没去过
> 价钱贵一点儿　　别的　　　　　　很满意

4. 外边　　越来越　暖和了，出来散步的人也越来越多了。

> 生词　　　　　多　　　　句子*　　　长
> 说话　　　　　流利*　　　发音*　　　标准*
> 白天　　　　　短　　　　气温*　　　低
> 语言水平　　　高　　　　朋友　　　多

5. 白天变长了，黑夜　变　短　　了，孩子们也可以在外边多玩儿一会儿了。

> 冬天　暖　　夏天　凉快*　　不知道这是为什么
> 个子　高　　头发　长　　　我都认*不出你来了
> 衣服　瘦　　裤子　短　　　孩子长大了
> 眼睛　大　　皮肤*　好　　　她比以前更漂亮了

四 体会加点词语的意思，模仿完成对话

Make sure of the meanings of the dotted words, and complete the dialogues as the examples

1. 例：甲： 上大学时，你们常出去玩儿吗？

   乙： 是啊，记得那时候我们每个周末都骑车出去玩儿。

   （1）你上小学的时候，觉得学习难吗？
   （2）你和你的女（男）朋友第一次见面是在哪儿？怎么认识的？
   （3）你第一次远离父母有什么感觉？
   （4）你第一次打工时，有什么特别的经历？

2. 例：甲： 骑车出去玩儿太累了。

   乙： 累是累，可是特别开心。

   （1）这件衣服太漂亮了。
   （2）这本书太难了。
   （3）男学生的房间都挺乱的。
   （4）这水果太贵了。

3. 例：甲： 那儿春天的天气怎么样？

   乙： 除了有时候刮大风、下小雨以外，天气都特别好。

   （1）你觉得学汉语有什么困难？
   （2）你们班的学生都是从哪儿来的？
   （3）你爱吃中国菜吗？
   （4）这儿的有名的公园*你都去过吗？

五 注意下边各句中"了"的不同意思

Pay attention to the different meanings of "了" in the following sentence

1. 我的作业写完了。
2. 春天来了。
3. 下雨了。
4. 我吃了饭再去你家。
5. 我们的生活水平越来越高了。
6. 树绿了，草也绿了。
7. 春天我的心情最好了。

六 复述课文（三）中安妮的话，并仿照这段话谈一谈你喜欢的一个季节
Retell Annie's words in the text（三）, and talk about your favorite season by imitating the passage

七 谈一谈 Have a talk

1. 你喜欢骑自行车出去玩儿，还是喜欢开车出去玩儿？为什么？
2. 你喜欢到什么样的地方去玩儿？
3. 你会唱关于*春天的歌吗？请给同学们介绍一首你们国家关于春天的歌。

八 小实践 Practice

向中国朋友学一首歌，然后唱给同学们听。

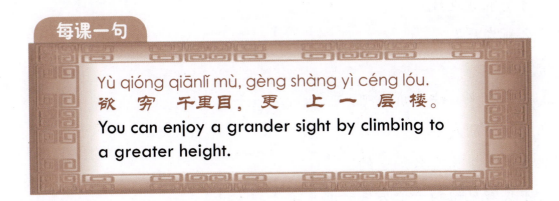

每课一句

Yù qióng qiānlǐ mù, gèng shàng yì céng lóu.
欲 穷 千里目，更 上 一 层 楼。
You can enjoy a grander sight by climbing to a greater height.

第十八课

Tā zhǎng shénme yàngr?
他长什么样儿？

（一）

（在女生宿舍 In the girls' dormitory）

甲：我有个最新发现。

乙：什么新发现？

甲：猜猜看！

乙：我猜不出来，快告诉我吧。

甲：张新有男朋友了。

乙：没听说呀！你怎么知道的？

甲：刚才我看见她和一个男生一起走，手拉着手。

乙：是吗？他长什么样儿？

甲：高高的，瘦瘦的，戴一副太阳镜。

乙：帅吗？

甲：帅，挺帅的。

Jiǎ:	Wǒ yǒu ge zuì xīn fāxiàn.
Yǐ:	Shénme xīn fāxiàn?
Jiǎ:	Cāicai kàn!
Yǐ:	Wǒ cāi bu chūlái, kuài gàosu wǒ ba.
Jiǎ:	Zhāng Xīn yǒu nán péngyou le.
Yǐ:	Méi tīngshuō ya! Nǐ zěnme zhīdao de?
Jiǎ:	Gāngcái wǒ kànjiàn tā hé yí ge nánshēng yìqǐ zǒu, shǒu lāzhe shǒu.
Yǐ:	Shì ma? Tā zhǎng shénme yàngr?
Jiǎ:	Gāogao de, shòushou de, dài yí fù tàiyángjìng.
Yǐ:	Shuài ma?
Jiǎ:	Shuài, tǐng shuài de.

（二）

（张新唱着歌进来了 Zhang Xin comes in while singing）

女生乙： 好啊，张新，有秘密了，快说实话！
张　新： 什么秘密？要我说什么？
女生甲： 我都看见了。
张　新： 看见什么了？
女生乙： 刚才跟你一起走的那个男生是谁？瘦高瘦高的。
张　新： 刚才？男生？那是我弟弟！怎么？你们以为……哎呀，笑死我了！

Nǚshēng yǐ:	Hǎo a, Zhāng Xīn, yǒu mìmì le, kuài shuō shíhuà!
Zhāng Xīn:	Shénme mìmì? Yào wǒ shuō shénme?
Nǚshēng jiǎ:	Wǒ dōu kànjiàn le.
Zhāng Xīn:	Kànjiàn shénme le?
Nǚshēng yǐ:	Gāngcái gēn nǐ yìqǐ zǒu de nà ge nánshēng shì shéi? Shòu gāo shòu gāo de.
Zhāng Xīn:	Gāngcái? Nánshēng? Nà shì wǒ dìdi! Zěnme? Nǐmen yǐwéi... Āiyā, xiàosǐ wǒ le!

（三）

（在医院里 In a hospital）

丈　夫：你怎么样了？

妻　子：没事儿了，你看，我这不是好好儿的吗？

丈　夫：接到电话的时候，我都快担心死了。

妻　子：要是没有那位好心的出租汽车司机，我和女儿可能就见不到你了。（哭 Cry）

丈　夫：别哭，别哭，刚生完孩子可不能哭，哭对身体不好。

妻　子：咱们一定要找到那位司机，我还没有来得及说"谢谢"呢。

丈　夫：你记车号了吗？

妻　子：没注意看。

丈　夫：那个司机长什么样儿？

妻　子：大概三十来岁，大眼睛，圆脸，比较黑，头发很长，到腰这儿。

丈　夫：什么？！司机是个女的呀！

Zhàngfu:	Nǐ zěnmeyàng le?
Qīzi:	Méi shìr le, nǐ kàn, wǒ zhè bú shì hǎohāor de ma?
Zhàngfu:	Jiēdào diànhuà de shíhou, wǒ dōu kuài dān xīn sǐle.
Qīzi:	Yàoshi méiyǒu nà wèi hǎoxīn de chūzū qìchē sījī, wǒ hé nǚ'ér kěnéng jiù jiàn bú dào nǐ le.
Zhàngfu:	Bié kū, bié kū, gāng shēngwán háizi kě bù néng kū, kū duì shēntǐ bù hǎo.
Qīzi:	Zánmen yídìng yào zhǎodào nà wèi sījī, wǒ hái méiyǒu láidejí shuō "xièxie" ne.
Zhàngfu:	Nǐ jì chēhào le ma?
Qīzi:	Méi zhùyì kàn.
Zhàngfu:	Nà ge sījī zhǎng shénme yàngr?
Qīzi:	Dàgài sānshí lái suì, dà yǎnjing, yuán liǎn, bǐjiào hēi, tóufa hěn cháng, dào yāo zhèr.
Zhàngfu:	Shénme?! Sījī shì ge nǚ de ya!

（四）

（一行人回答警察 A pedestrian answers the policeman）

那个人长什么样儿？他四五十岁，长脸，大鼻子，小眼睛，嘴也小，说话有口音。个子不高，一米六左右，矮胖矮胖的。穿一件白色上衣，一条黑色的裤子，不，好像是蓝色的。还有……记不太清楚了。

Nà ge rén zhǎng shénme yàngr? Tā sìwǔshí suì, cháng liǎn, dà bízi, xiǎo yǎnjing, zuǐ yě xiǎo, shuō huà yǒu kǒuyīn. Gèzi bù gāo, yì mǐ liù zuǒyòu, ǎipàng ǎipàng de. Chuān yí jiàn báisè shàngyī, yì tiáo hēisè de kùzi, bù, hǎoxiàng shì lánsè de. Hái yǒu... jì bú tài qīngchu le.

注 释 Notes

1. 高高的 / 瘦瘦的

单音节形容词可以重叠，表示一种描写状态。重叠之后，第二个字不读轻声。"高高""瘦瘦"是"高""瘦"的重叠，运用重叠式后面一般要加"的"，前面不能加"很"等程度副词。如：

Monosyllabic adjectives can be reduplicated to express a description, but after the reduplication, the second character is not read in the neutral tone. "高高" and "瘦瘦" are reduplication of "高" and "瘦"; Generally, you must add "的" to the reduplicated style, but it can't be preceded by adverbs of degree, such as "很" and so on. For example:

（1）他写的字，小小的、方方的，整齐极了。
（2）这里的天蓝蓝的、云白白的、草绿绿的，真不想离开这儿。

2. 瘦高瘦高的 / 矮胖矮胖的

"瘦高瘦高"是"瘦高"的重叠，意思是"又瘦又高"；"矮胖矮胖"是"矮胖"的重叠，意思是"又矮又胖"。常用的如："黑瘦黑瘦""白胖白胖""细长细长""短粗短粗"等等。运用这种重叠形式修饰事物时，都必须加"的"。需要注意的是，双音节形容词的重叠形式还有一种是"AABB"，如："高高兴兴""平平安安""认认真真""干干净净"。

"瘦高瘦高的" is a reduplication of "瘦高", which means "thin and tall"; "矮胖矮胖的" is a reduplication of "矮胖", which means "short and fat". Some frequently used examples are: "黑瘦黑瘦"（dark and skinny）, "白胖白胖"（fair and chubby）, "细长细长"（fine and long）, "短粗短粗"（short and thick）, etc. When using this type of reduplication to modify things, you need to add "的". There is another reduplicated form of bi-syllabic adjectives, which has to be valued: "AABB". For example: "高高兴兴"（happy）"平平安安"（peaceful）"认认真真"（serious）"干干净净"（clean）, etc.

3. 没事儿了

在这里"没事儿了"就是"已经脱离危险了、安全了、一切正常了"等意思。说"没事儿了"以使对方放心。

Here "没事儿了" means "already out of danger" "safe" and "perfectly normal". One often says "没事儿了" to comfort the other person.

4. 大概三十来岁

"来"用在"十、百、千"等数词后面表示概数。"三十来岁"可以理解为"二十八九岁"或"三十一二岁"。其他概数还有"左右"等。可以说：

When used after numeral words such as "十、百、千", "来" expresses an approximate number. "三十来岁" can be understood as "28、29" or "31、32". Other approximate numbers are "左右", etc. You can also say:

（1）现在能活到一百来岁的人越来越多了。
（2）每个班有二十来个学生。
（3）他这个月花了一千来块钱。
（4）个子不高，一米六左右，矮胖矮胖的。

练 习 Exercises

一 用正确的语调读下面的句子
Read the following sentences in correct intonation

1. 我有个最新发现。
2. 我猜不出来，快告诉我吧。
3. 高高的，瘦瘦的，戴一副太阳镜。
4. 什么秘密？要我说什么？
5. 刚才跟你一起走的那个男生是谁？瘦高瘦高的。
6. 哭对身体不好。
7. 没注意看。
8. 司机长什么样儿？
9. 记不太清楚了。

二 根据课文的内容回答下面的问题
Answer the following questions according to the text

1. 女生甲有什么新发现？

2. 和张新一起走路的那个男生是谁？他长什么样儿？
3. 那位好心的出租车司机长什么样儿？
4. 行人看见的"那个人"长什么样儿？

三 替换句中画线部分
Substitute the underlined parts in the sentences

1. <u>我有个最新发现</u>，你 <u>猜猜</u>看。

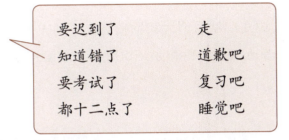

2. <u>好啊，有秘密了</u>，快说实话！   3. <u>（刚生完孩子以后）哭</u>对身体不好。

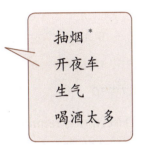

4. 我以为<u>那位司机是男的</u>，原来 <u>是个女的</u>。

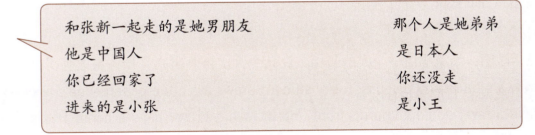

四 体会加点词语的意思，并模仿完成对话
Make sure of the meanings of the dotted words, and complete the dialogues as the examples

1. 例：甲：你怎么样了？
   乙：没事儿，好好儿的。
   （1）考试很难吧？
   （2）真糟糕，一着急忘了带书来了。
   （3）大夫，我的病厉害吗？

2. 例：甲：那个人多大？
   乙：四十来岁。
   （1）你的老师多大？
   （2）你们班有多少学生？
   （3）这些水果多少斤？

3. 例：甲：那个人多高？
   乙：一米六左右。
   （1）她多大？
   （2）你们什么时候到的北京？
   （3）这些苹果多少斤？

五 根据第三段对话内容，用妻子的口气说说发生的事情
According to Dialogue 3, retell what happened by acting as the wife

六 每个人描述一位大家都熟悉的人长什么样儿，然后请大家猜猜被描述的人是谁
Each student describe a familiar person, and then ask others to figure out the person described

要求描述 Description required
年龄（age）、脸型（shape of face）、肤色（skin color）、五官（facial features: nose, eyes, lips, tongue, ears）、口音（accent）、个子（height）、穿着（attire）、发型（hair style）

七 说话画图：大家描述一个人的长相，让几个人上台画出来，比赛看谁画得最像
Draw a picture and discuss: Every student draws a picture of someone's appearance. Have a few people come up front and draw a picture, have a contest to see who's drawing is the most accurate

第十八课 他长什么样儿? | 18

每课一句

Yì nián zhī jì zài yú chūn, yí rì zhī jì zài yú chén.
一年之计在于春，一日之计在于晨。
Plan your year in spring and your day at dawn.

第十九课 Zhè zhǐ shì ge xiǎo shǒushù 这只是个小手术

（一）

（在医院里 In the hospital）

大　夫：怎么了？

山　田：肚子疼。

大　夫：多长时间了？

山　田：昨晚七点多开始的。

大　夫：是一直疼吗？

山　田：不是，疼一会儿，不疼了。再过一会儿，又疼了，而且隔的时间越来越短……

大　夫：吐过吗？

山　田：没有，有点儿拉肚子的感觉，差不多每隔一小时就得上一次厕所。

大　夫：来，到床上检查一下。把上衣和裤子解开。疼吗？

（压了一下 Press once）

山　田：　哎哟，更疼了！

大　夫：　可能是阑尾炎。我给你开个化验单，先去验一下血吧。

Dàifu:　　Zěnme le?

Shāntián:　Dùzi téng.

Dàifu:　　Duō cháng shíjiān le?

Shāntián:　Zuówǎn qī diǎn duō kāishǐ de.

Dàifu:　　Shì yìzhí téng ma?

Shāntián:　Bú shì, téng yíhuìr, bù téng le. Zài guò yíhuìr, yòu téng le, érqiě gé de shíjiān yuè lái yuè duǎn...

Dàifu:　　Tùguo ma?

Shāntián:　Méiyǒu, yǒudiǎnr lā dùzi de gǎnjué, chàbuduō měi gé yì xiǎoshí jiù děi shàng yí cì cèsuǒ.

Dàifu:　　Lái, dào chuángshang jiǎnchá yíxià. Bǎ shàngyī hé kùzi jiěkāi.
　　　　　Téng ma?

Shāntián:　Āiyō, gèng téng le!

Dàifu:　　Kěnéng shì lánwěiyán. Wǒ gěi nǐ kāi ge huàyàndān, xiān qù yàn yí xià xiě ba.

（二）

（在家里 At home）

丈　夫：　哎哟，哎哟。

妻　子：　是不是疼得厉害了？

丈　夫：　疼死了。

妻　子：　我们还是去医院看看吧。

丈　夫：　算了，等天亮了再去吧。

妻　子：　不行，我从来没见你这么疼过，一定得去医院看看，我马上打电话。

（打电话 Giving a call）

　　　　　喂，您好，是120吗？我丈夫现在肚子疼得要命，夜里吃了两次止疼药都没有用，您能派救护车来吗？……我们的地址是中华北路123号8楼101。电话是67603268。我叫王丽。麻烦您了。好，我们等着。

Zhàngfu:	Āiyō, āiyō.
Qīzi:	Shì bu shì téng de lìhai le?
Zhàngfu:	Téng sǐle.
Qīzi:	Wǒmen háishi qù yīyuàn kànkan ba.
Zhàngfu:	Suànle, děng tiān liàng le zài qù ba.
Qīzi:	Bù xíng, wǒ cónglái méi jiàn nǐ zhème téngguo, yídìng děi qù yīyuàn kànkan, wǒ mǎshàng dǎ diànhuà. Wéi, nín hǎo, shì yāo èr líng ma? Wǒ zhàngfu xiànzài dùzi téng de yàomìng, yèli chīle liǎng cì zhǐ téng yào dōu méiyǒu yòng, nín néng pài jiùhùchē lái ma?... Wǒmen de dìzhǐ shì Zhōnghuá Běilù yāo èr sān hào bā lóu yāo líng yāo. Diànhuà shì liù qī liù líng sān èr liù bā. Wǒ jiào Wáng Lì. Máfan nín le. Hǎo, wǒmen děng zhe.

（三）

（山田手术后 After Yamada's operation）

安　妮：	山田，我们看你来了！
杰　夫：	我们给你带来了你最爱看的漫画书。
山　田：	你们真了解我。谢谢。
杰　夫：	谢什么！怎么样，手术顺利吧？
山　田：	顺利极了！大夫说住七八天就可以出院了。
杰　夫：	你身体好好儿的，怎么忽然得了阑尾炎呢？
山　田：	我也不太清楚。有人说吃完饭马上运动就容易得，可有人说和这个没关系。

杰 夫： 不过，我发现你经常吃完早饭跑着去上课，这对身体可不好。
山 田： 没办法，我爱开夜车，早上能多睡会儿就多睡会儿。
安 妮： 夜猫子！这个词还是王平教给我的呢。对了，王平今天本来和我们约好一起来看你，可出来的时候正好有个朋友去看他。他说改天再来，还要给你带好吃的呢。
山 田： 请告诉王平，别麻烦了。出院以前，大夫不让我吃什么。这只是个小手术，没什么。让他放心好了。

Ānnī: Shāntián, wǒmen kàn nǐ lái le!

Jiéfū: Wǒmen gěi nǐ dàilái le nǐ zuì ài kàn de mànhuà shū.

Shāntián: Nǐmen zhēn liǎojiě wǒ. Xièxie.

Jiéfū: Xiè shénme! Zěnmeyàng, shǒushù shùnlì ba?

Shāntián: Shùnlì jíle! Dàifu shuō zhù qī bā tiān jiù kěyǐ chū yuàn le.

Jiéfū: Nǐ shēntǐ hǎohāor de, zěnme hūrán déle lánwěiyán ne?

Shāntián: Wǒ yě bú tài qīngchu. Yǒu rén shuō chīwán fàn mǎshàng yùndòng jiù róngyì dé, kě yǒu rén shuō hé zhè ge méi guānxi.

Jiéfū: Búguò, wǒ fāxiàn nǐ jīngcháng chīwán zǎofàn pǎozhe qù shàng kè, zhè duì shēntǐ kě bù hǎo.

Shāntián: Méi bànfǎ, wǒ ài kāi yèchē, zǎoshang néng duō shuì huǐr jiù duō shuì huǐr.

Ānnī: Yèmāozi! Zhè ge cí háishi Wáng Píng jiāogěi wǒ de ne. Duìle, Wáng Píng jīntiān běnlái hé wǒmen yuēhǎo yìqǐ lái kàn nǐ, kě chūlai de shíhou zhènghǎo yǒu ge péngyou qù kàn tā. Tā shuō gǎi tiān zài lái, hái yào gěi nǐ dài hàochī de ne.

Shāntián: Qǐng gàosu Wáng Píng, bié máfan le. Chū yuàn yǐqián, dàifu bú ràng wǒ chī shénme. Zhè zhǐ shì ge xiǎo shǒushù, méi shénme. Ràng tā fàng xīn hǎo le.

（四）

（安妮对王平说 Annie says to Wang Ping）

山田的手术很顺利，他现在精神很好，过几天就可以出院了。听说你要去看他，他要我告诉你别去了。他说那只是个小手术，没什么，让你放心。等他出了院，身体健康了，他还要和你一起打球呢。

Shāntián de shǒushù hěn shùnlì, tā xiànzài jīngshen hěn hǎo, guò jǐ tiān jiù kěyǐ chū yuàn le. Tīngshuō nǐ yào qù kàn tā, tā yào wǒ gàosu nǐ bié qù le. Tā shuō nà zhǐ shì ge xiǎo shǒushù, méi shénme, ràng nǐ fàng xīn. Děng tā chū le yuàn, shēntǐ jiànkāng le, tā hái yào hé nǐ yìqǐ dǎ qiú ne.

注 释 Notes

1. 120

"120"是急救中心的直拨电话号码，还有一个是"999"。其他紧急情况如火警可拨打"119"，匪警可拨打"110"，交通事故可拨打"122"。

"120" is the rescue center hotline number, as well as "999". In other emergency situations such as a fire you can call "119"; for robberies "110"; for traffic accidents "122".

2. 能多睡会儿就多睡会儿

全句完整的说法是："如果能够多睡一会儿就多睡一会儿"，"能"和"就"之后的句子成分相同，可以是词语，也可以是小句。如：

The complete sentence is "如果能够多睡一会儿就多睡一会儿"，"能" and "就" precede the same part of sentence, which can be words or a minor clause. For example:

（1）大家都想见你，你能来就来吧。
（2）他听了以后一定很生气，这件事情能不让他知道就不让他知道。

3. 夜猫子

"夜猫子"比喻喜欢晚睡或习惯经常开夜车的人。如：
"夜猫子" indicates a person who likes to go to bed late or has the habit of staying up late. For example:

（1）小王是个夜猫子，晚上两点以前没睡过觉。
（2）我可当不了夜猫子，每天晚上一到十点就困。

4. 让他放心好了

在"好了"之前的部分表示说话人的目的或者意愿，也有使事情简单、让听话人放心的意思。如：

The part preceding "好了" indicates the speaker's intention or will. It also means simplifying the matter or comforting the listener. For example:

（1）如果你等不及，你先走好了。

（2）要是你担心的话，给他打个电话好了。

练习 Exercises

一 用正确的语调读下面的句子
Read the following sentences in correct intonation

1. 昨晚七点多开始的。
2. 差不多每隔一个小时就得上一次厕所。
3. 是不是疼得厉害了？
4. 等天亮了再去吧。
5. 我从来没见你这么疼过。
6. 您能派救护车来吗？
7. 手术顺利吧？
8. 我也不太清楚。
9. 我爱开夜车，早上能多睡会儿就多睡会儿。
10. 出院以前，大夫不让我吃什么。

二 根据课文内容回答下面的问题
Answer the following questions in your own words according to the text

1. 山田的肚子疼了多久了？是一直疼吗？他可能得了什么病？
2. 安妮他们去医院看山田，给山田带去了什么？
3. 山田为什么会得阑尾炎？
4. 安妮为什么说山田是"夜猫子"？
5. 王平怎么没和安妮他们一起去看山田？

三 替换句中画线部分的词语
Substitute the underlined words in the following sentences

1. 每隔一小时就得上一次厕所。

   一年就去检查一次身体
   几天就写一封 E-mail
   一个星期打一个电话
   两页*有一幅画

2. 疼死了。

   忙
   累
   辣
   饿

3. 我从来没见你这么疼过。

他	不抽烟
我	没去过上海
她	不迟到
他	没有开夜车的习惯

4. 早上　能　　多睡会儿　就　多睡会儿。

你	多住两天	多住两天
上学时	多学一点儿	多学一点儿
你	来我这儿	来我这儿
小孩子	早点儿睡	早点儿睡

四 体会加点词语的意思，模仿完成对话

Make sure of the meanings of the dotted words, and complete the dialogues according to the examples

1. 例：甲：你身体好好儿的，怎么忽然得了阑尾炎呢？
   乙：我也不太清楚，有人说吃完饭马上运动容易得，可有人说和这个没关系。
   （1）他们俩一直好好儿的，怎么吹了呢？
   （2）他这几天怎么一直不太高兴？
   （3）前几次他考得都不错，这次怎么没考好呢？

2. 例：甲：王平怎么没来？
   乙：他本来和我们约好一起来看你，可出来的时候正好有个朋友去看他，他说改天再来。
   （1）你不是说去上海旅行吗？怎么买了去西安的火车票？
   （2）我记得他好像不叫这个名字呀？
   （3）这个孩子都十五岁了，怎么小学还没毕业？

3. 例：甲：王平本来也要来看你，可出来的时候正好有事，所以说改天再来。
   乙：请告诉他，我很好，让他放心好了。
   （1）我有本书要还给王老师，可是他不在，怎么办？
   （2）我出来的时候太着急，把钱包忘在家里了。

（3）我给他打了好多次电话，可是他的手机总是*关机*，怎么办啊？

五 仿照下面这段话说话，注意加点的词语的用法
Make a narration by imitating the following passage, noting the usages of the dotted words

我肚子疼得厉害，从昨晚七点多开始，疼一会儿，不疼了，再过一会儿，又疼了，而且隔的时间越来越短。

（1）昨天晚上我听到旁边的房间好像有人在哭，……

（2）我家的电话坏了，……

六 你得过下面这几种病吗？感觉怎么样？怎么治比较好？
Have you ever got the following diseases? What was your feeling then? What are the effective ways of curing them?

1. 感冒
2. 拉肚子
3. 失眠*
4. 阑尾炎
5. 牙疼

七 谈一谈 Have a talk

1. 你最近身体怎么样？
2. 如果半夜*得了急病*，怎么办呢？
3. 你吃过止疼药吗？有用吗？
4. 你知道阑尾炎是怎么回事吗？
5. 去医院看病人*的朋友，一般带什么东西？说什么话？

八 分组表演"去医院看望病人"
Perform in groups "Go to the hospital to visit the patient"

人物 Characters　甲：病人　　乙、丙：病人的朋友

要求 Requirements

（1）商量带什么东西。

（2）问病人现在怎么样，医生怎么治的。

（3）问病人为什么会得病。

（4）要病人好好休息。

每课一句

Hǎinèi cún zhījǐ, tiānyá ruò bǐ lín.
海内存知己，天涯若比邻。
A bosom friend afar brings a distant land near.

第二十课 Wǒ xīwàng 我希望……

（一）

（电视娱乐节目 Entertainment programme on TV）

主持人：下面我们轻松一下。请观众们说说您最大的希望是什么。开始吧！

本科生：我希望能考上博士。

医　生：我希望能开一家自己的医院。

女　士：我希望我将来的丈夫个子高、身体棒、性格好。

导　演：我希望观众永远喜欢我的电影。

影　迷：如果看电影不要钱该多好！

球　迷：我希望电视里天天有球赛。

小孩子：要是我现在也是个大人该多好！

老　人：如果我能年轻十岁就好了！

小学生：要是我们没有考试该多好！

酒　鬼：要是啤酒都卖半价该多好！

Zhǔchírén:	Xiàmian wǒmen qīngsōng yíxià. Qǐng guānzhòngmen shuōshuo nín zuì dà de xīwàng shì shénme. Kāishǐ ba!
Běnkēshēng:	Wǒ xīwàng néng kǎoshang bóshì.
Yīshēng:	Wǒ xīwàng néng kāi yì jiā zìjǐ de yīyuàn.
Nǚshì:	Wǒ xīwàng wǒ jiānglái de zhàngfu gèzi gāo, shēntǐ bàng, xìnggé hǎo.
Dǎoyǎn:	Wǒ xīwàng guānzhòng yǒngyuǎn xǐhuan wǒ de diànyǐng.
Yǐngmí:	Rúguǒ kàn diànyǐng bú yào qián gāi duō hǎo!
Qiúmí:	Wǒ xīwàng diànshì li tiāntiān yǒu qiúsài.
Xiǎoháizi:	Yàoshi wǒ xiànzài yě shì ge dàren gāi duō hǎo!
Lǎorén:	Rúguǒ wǒ néng niánqīng shí suì jiù hǎo le!
Xiǎoxuéshēng:	Yàoshi wǒmen méiyǒu kǎoshì gāi duō hǎo!
Jiǔguǐ:	Yàoshi píjiǔ dōu mài bànjià gāi duō hǎo!

（二）

（在男生宿舍 In the boys' dormitory）

甲： 暑假我不去海边了。

乙： 不是说好一起去的吗？你女朋友也一直说想去看大海呀！

甲： 别提了，我们俩可能要吹了。

乙： 不会吧？

甲： 最近她跟一个小学同学联系上了。那人是博士生，个子比我高，条件比我好多了。她整天陪着那个人玩儿，已经把我忘了。

乙： 她没叫你一起去吗？

甲： 叫了，我没去！

乙： 吃醋了吧。这就是你不对了，她可不是那种人。

甲： 那谁知道。我怎么能跟博士生比呢？

乙： 你这个人，怎么一点儿自信也没有呢？

Jiǎ:	Shǔjià wǒ bú qù hǎibiān le.
Yǐ:	Bú shì shuōhǎo yìqǐ qù de ma? Nǐ nǚpéngyou yě yìzhí shuō xiǎng qù kàn dàhǎi ya!
Jiǎ:	Bié tí le, wǒmen liǎ kěnéng yào chuī le.
Yǐ:	Bú huì ba?

Jiǎ:	Zuìjìn tā gēn yí ge xiǎoxué tóngxué liánxì shàng le. Nà rén shì bóshìshēng, gèzi bǐ wǒ gāo, tiáojiàn bǐ wǒ hǎo duō le. Tā zhěng tiān péizhe nà ge rén wánr, yǐjīng bǎ wǒ wàng le.
Yǐ:	Tā méi jiào nǐ yìqǐ qù ma?
Jiǎ:	Jiào le, wǒ méi qù!
Yǐ:	Chī cù le ba. Zhè jiùshi nǐ bú duì le, tā kě búshì nà zhǒng rén.
Jiǎ:	Nà shéi zhīdao. Wǒ zěnme néng gēn bóshìshēng bǐ ne?
Yǐ:	Nǐ zhè ge rén, zěnme yìdiǎnr zìxìn yě méiyǒu ne?

(三)

（山田说 Yamada says）

在年轻人中，流行着一种说法：找对象的重要条件是"三高"。"三高"的内容是：个子高，学历高，工资高。我不知道别的国家怎么样，我想都差不多吧。不过，我要说的是，像我这样个子不高的人，也有很多是优秀的。身体是父母给的，高不高自己没办法。重要的是，一个人要爱生活、爱事业、爱家庭，这"三爱"才是最基本的。你们同意我的看法吗？

Zài niánqīng rén zhōng, liúxíng zhe yì zhǒng shuōfa: Zhǎo duìxiàng de zhòngyào tiáojiàn shì "Sān gāo". "Sān gāo" de nèiróng shì: gèzi gāo, xuélì gāo, gōngzī gāo. Wǒ bù zhīdao bié de guójiā zěnmeyàng, wǒ xiǎng dōu chàbuduō ba. Búguò, wǒ yào shuō de shì, xiàng wǒ zhèyàng gèzi bù gāo de rén, yě yǒu hěn duō shì yōuxiù de. Shēntǐ shì fùmǔ gěi de, gāo bu gāo zìjǐ méi bànfǎ. Zhòngyào de shì, yí ge rén yào ài shēnghuó, ài shìyè, ài jiātíng, zhè "Sān ài" cái shì zuì jīběn de. Nǐmen tóngyì wǒ de kànfǎ ma?

注 释 Notes

1. 要是我们没有考试该多好。

这是一个表达期望和意愿的句式，中间是所期望的内容。类似的表达有"如果……就好了""要是……就好了"。如：

This is a sentence pattern to express expectations and wishes, wherin are the content expected. Similar expressions are "如果……就好了" "要是……就好了". For example:

（1）要是我有时间去旅游该多好。
（2）要是他能相信我该多好。

2. 不是说好一起去的吗？

"不是……吗？"是一个反问句式，强调说话人的肯定语气，有时有确认的含义。如：

"不是……吗？" is a rhetorical question, with emphasis on the affirmation of the speaker, sometimes implies confirmation. For example:

（1）你不是走了吗？怎么还在这儿？
（2）中国最大的城市不是北京吗？

3. 吃醋了吧

"吃醋"是产生嫉妒情绪的意思，多用来比喻在男女关系上产生的嫉妒情绪。

"吃醋" means a feeling of jealousy, often used to indicate feelings of jealousy produced in relations between men and women.

练 习 Exercises

一 用正确的语调读下面的句子
Read the following sentences in correct intonation

1. 如果看电影不要钱该多好！
2. 我希望电视里天天有球赛。
3. 如果我能年轻十岁就好了！
4. 要是没有考试该多好！
5. 要是啤酒都卖半价该多好！
6. 不是说好一起去的吗？
7. 吃醋了吧。
8. 我怎么能跟博士生比呢？
9. 怎么一点儿自信也没呢？
10. 像我这样个子不高的人，也有很多是优秀的。

二 根据课文的内容回答下面的问题
Answer the following questions according to the text

1. 课文中的本科生、医生、女士、导演、影迷、球迷、小孩子、老人、小学生、酒鬼等人的最大希望各是什么？
2. 男生甲为什么说他的女朋友要和他吹了？
3. 男生甲的女朋友叫他和她一起陪博士生玩儿，男生甲为什么不去？
4. 为什么男生乙说男生甲没有自信？

三 复述课文中山田关于"三高"和"三爱"的内容，并谈一谈你的看法
Retell Yamada's words about the "three gao"s and the "three ai"s, and then talk about your own opinion

四 替换句中画线部分
Substitute the underlined parts in the following sentences

1. 我希望能考上博士。

   我的父母身体健康
   人人都喜欢这里
   假期能去旅行
   将来找到满意的工作

2. 要是看电影不要钱该多好。

   没有考试
   抽烟对身体没坏处*
   我永远不得病
   她愿意*和我结婚*

3. 她　　　整天陪着那个人玩儿。

   他　　　往家里打电话
   这儿　　下雨
   这孩子　在外面玩儿
   他们俩　有说有笑的

4. 我 怎么能跟博士生比呢？

   这里　　那里
   中学生　大学生
   女孩子　男孩子
   自行车　汽车

五 谈一谈 Discussion
1. "吃醋"是什么意思？你对"吃醋"有什么看法？
2. 在你们国家，找男／女朋友的重要条件有哪些？

六 成段表达 Narration
我希望……

七 读下面的几则（zé）征婚（zhēng hūn）广告，说说你从中看出什么特点？与你们国家的比较一下
Read the following advertisements for marriage. What are their characteristics? Have a comparison with the ads in your own country

男，27岁，身高1.70米，未婚，本科学历，干部，英俊（yīngjùn）潇洒（xiāosǎ），务实（wùshí）进取（jìnqǔ），聪明能干，经济宽裕（kuānyù）。觅（mì）健康貌（mào）美，心地（xīndì）善良（shànliáng）的女士为妻。

Male, 27years old, 170cm, unmarried, bachelor degree, cadre, handsome and cool, dependable and enterprising, intelligent and capable, financially stable. Looking for a healthy, beautiful and kind-hearted lady to be wife.

她，属（shǔ）虎（hǔ），身高165m，文秘（wénmì）专业毕业，为人（wéirén）诚恳（chéngkěn）热情，天真（tiānzhēn）烂漫（lànmàn），有良好（liánghǎo）的职业（zhíyè）和家庭背景（bèijǐng）。渴望（kěwàng）结识（jiéshí）一位年长（niánzhǎng）两岁、大学毕业、性格开朗幽默（yōumò）的朋友。

Female, born in the year of the Tiger, 165cm height, majored in secretary, sincere and warm-hearted, innocent and lovely, ideal job and good family background. Eager to make friends with a male college graduate, who is two years older, optimistic and humorous.

男，28岁，未婚，高1.73米，中专学历（xuélì），公务员（gōngwùyuán），身体健康，开朗（kāilǎng）大方，相貌堂堂（xiàngmào tángtáng），觅26岁以下，高1.60米左右，中专以上学历，品貌（pǐnmào）佳（jiā），健康的未婚女子为（wéi）伴（bàn）。

Male, 28 years old,173cm height, special secondary school graduate, government employee, healthy and optimistic, handsome. Looking for a girl who is younger than 26, about 160cm height, with a diploma of special secondary school or higher degree, good looking and good personality, healthy, unmarried.

向军人（jūnrén）征婚，女，34岁，身高1.53米，大专文化，国企（guóqǐ）财会（cáikuài），丧偶（sàng ǒu），有一儿5岁，母子健康，温柔（wēnróu）善良，貌显年轻。觅体健品佳，责任感（zérèngǎn）强，高中以上文化的军中男子汉（nánzǐhàn）。

A female is looking for an armyman to be husband. 34 years old, college graduate, accountant in a state-owned enterprise, widow, living with a 5-year-old son, both are healthy. She is gentle, kind, and looks young, looking for an armyman who is healthy, with good personality and strong responsibility, high school diploma or higher degree.

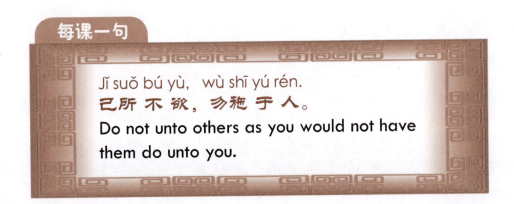

每课一句

Jǐ suǒ bú yù, wù shī yú rén.
己所不欲，勿施于人。
Do not unto others as you would not have them do unto you.

你知道吗？ Do You Know？（5）

做客与待客

你有中国朋友吗？你在中国人家里做过客吗？

一般来说，去做客以前，要先打个招呼。但是去比较熟悉的朋友家，有时也不一定打招呼。如果突然去拜访别人，主人正好有紧急的、重要的事，他会说："真对不起，今天很不巧，我有点儿急事，改天我一定去拜访您。"这时客人就明白自己来得不是时候，马上告辞说："没关系，我也没什么事，改天再来。"如果主人没有特别要紧的事，一般是要放下自己的事，热情招待客人。

去做客时，特别是初次登门拜访，一般总要带点儿小礼物。如水果、糕点、糖、酒等都可以，当然不带也没什么关系。

去了以后，主人问："喝点儿什么"时，除了特别熟的朋友，一般不具体说要什么，而是说："随便"或表示客气地推辞："我不喝，别麻烦了"等。到了吃饭时间，主人要挽留一起吃饭，客人一般也先表示推辞："不用麻烦了。""改天吧。"；如事先没打招呼，主人没有准备，客人更要表示委婉地推辞："不了，我回去了，以后有机会我再打扰您。" 主人一再相请，只好客随主便，以"那我就不客气了。""给您添麻烦了，真过意不去。"等表示接受邀请。

告辞的时候，客人一般要先说："时间不早了，我该走了。"主人一般礼貌地挽留："忙什么，再坐一会儿吧。""还早呢，着什么急。" 这时客人仍坚持："该走了。""不打扰了。"主人把客人送到门外，会说："以后有空儿常来玩儿。""我不远送了，慢走。" 客人说："别送了，请回去吧。""请留步。""都请回吧。"等。年轻人一般要随意很多。

Guest and Host

Do you have Chinese friends? Have you been a guest in a Chinese home?

Generally speaking, before going as a guest, you must first let the host know. However, if you're going to a relatively familiar friend's house, sometimes you don't necessarily need to let them know. If the guest suddenly pops in, and the host has urgent or important things to do, he can say: "I'm really sorry today, I've got some urgent things to do, maybe I can visit you some other day." Then, the guest immediately understand that she/he has come at a wrong time, and will say: "No problem, I'll drop by another day." If the host hasn't got anything urgent to do, generally she/he can warmly treat the guest.

When you go as a guest, especially if it's the first time, one generally brings a small gift along, like fruits, cakes, candy, wine, etc. are all possible; of course it's no big deal if you don't bring anything.

After you've arrived, when the host asks "What would you like to drink?", except among particularly close friends, you generally don't say anything special, just say, "Anything's fine." Otherwise express polite refusal as in "It is no need for me, don't put you into any troubles." If it is time to eat, the host insists that you stay for dinner, guests generally first express a refusal by saying, "too troublesome" or "Some other day"; if the host hasn't prepared anything because the guest didn't let him or her know in advance, the guest should express a tactful refusal like, "No, I have got to go back, I will bother you later." If the host repeatedly invites the guest, then the guest can say like "I will make myself at home then" or "I feel very sorry about bothering you", etc for indicating acceptance of the invitation.

When saying good-bye, the guest generally should first say something like, "It's getting late now, I have got to go." The host will then politely urge the guest to stay, saying something like "Don't hurry, be seated for a while." or "It's still early, what are you worried about?" Then the guest can persist with "I should go." or "I won't bother you any longer."

When the host sees the guest off, she/he can say, "Drop by whenever you have time" or "I won't see you off too far, take care!" The guest can then say things like, "There's no need to see me off, you go back." "Keep step please." "You can go back now.", etc. Young people are in general much more casual.

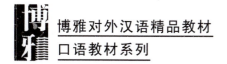
博雅对外汉语精品教材
口语教材系列

初级汉语口语(2)

(第三版)

ELEMENTARY SPOKEN CHINESE 2
(Third Edition)

词语表与课文英文翻译

戴桂芙　刘立新　李海燕　编著

目 录

分课词语表（英日韩文注释） ·· 1

   第 一 课　您贵姓？ ·· 1

   第 二 课　便宜点儿吧 ·· 3

   第 三 课　离这儿有多远？ ·· 6

   第 四 课　她又聪明又用功 ·· 8

   第 五 课　怎么了？ ·· 11

   第 六 课　我习惯 ·· 13

   第 七 课　天气越来越冷了 ·· 17

   第 八 课　你会包饺子吗？ ·· 20

   第 九 课　帮我修修自行车吧 ·· 22

   第 十 课　这幅画儿真棒！ ·· 25

   第十一课　有什么好电影？ ·· 28

   第十二课　我还是相信"一分钱一分货" ·· 31

   第十三课　我想给她买件礼物 ·· 33

   第十四课　我最喜欢逛书店了 ·· 36

   第十五课　实在对不起 ·· 38

   第十六课　我该理发了 ·· 41

   第十七课　春天来了 ·· 43

   第十八课　他长什么样儿？ ·· 47

   第十九课　这只是个小手术 ·· 49

   第二十课　我希望 ·· 52

词语总表 ·· 55

语言点索引 ·· 72

量词表 ·· 75

课文英文翻译 ·· 78

分课词语表（英日韩文注释）

第一课　您贵姓？

◆ 生词　New words

1. 贵姓	（名）	guìxìng	What is your honorable surname? (it is polite to ask) お名前 성씨
2. 办公室	（名）	bàngōngshì	office 事務室 사무실
3. 学生证	（名）	xuéshēngzhèng	ID card for students 学生証 학생증
4. 办	（动）	bàn	to arrange, to manage 処理する、やる、する 다루다, 처리하다
5. 取	（动）	qǔ	to collect 取る、受け取る 찾아 가지다, 찾다, 받다
6. 见	（动）	jiàn	to meet 会う 보다
7. 认识	（动）	rènshi	to know, to recognize 知り合う、見知る 알다, 인식하다.
8. 新	（形）	xīn	new 新しい 새로운
9. 法律	（名）	fǎlǜ	law 法律 법률
10. 系	（名）	xì	department （大学の）学部 학과
11. 国际	（形）	guójì	international 国際 국제

12. 国际法	（名）	guójìfǎ	international law
			国際法
			국제법
13. 专业	（名）	zhuānyè	profession, speciality
			（専攻）学科
			전공
14. 年级	（名）	niánjí	grade
			学年
			학년
15. 女	（形）	nǚ	female
			女、女性
			여자
16. 哪里	（代）	nǎlǐ	(used in the negative of a rhetorical question)
			どうして～でありえようか
			천만에, 별 말씀을
17. 次	（量）	cì	(measure word)
			回、度、遍
			번, 회(횟수를 세는 단위)
18. 年	（名）	nián	year
			年
			해
19. 长	（形）	cháng	long
			長さ、長い
			긴
20. 汉语	（名）	Hànyǔ	Chinese language
			中国語
			한어, 중국어
21. 又	（副）	yòu	again
			また
			또, 다시
22. 是……的		shì...de	(to indicate category, characteristic, etc.)
			～だ、～である
			～이다 (분류를 나타낼 때 쓰는 형식)
23. 介绍	（动）	jièshào	to introduce
			紹介する
			소개하다

◆ 专 名　Proper nouns

方雪青		Fāng Xuěqīng	Chinese name
			方雪青(人名)
			방설청(인명)

◆ 补充词语 Additional words

1. 空儿　　　　（名）　　　kòngr　　　　spare time
　　　　　　　　　　　　　　　　　　　　暇、空いている時間
　　　　　　　　　　　　　　　　　　　　틈, 짬

2. 烤鸭　　　　（名）　　　kǎoyā　　　　roast duck
　　　　　　　　　　　　　　　　　　　　アヒルの丸焼き
　　　　　　　　　　　　　　　　　　　　구운 오리

3. 机场　　　　（名）　　　jīchǎng　　　airport
　　　　　　　　　　　　　　　　　　　　飛行場
　　　　　　　　　　　　　　　　　　　　비행기장

第二课　便宜点儿吧

◆ 生　词 New words

1. 洗(照片)　　（动）　　　xǐ (zhàopiàn)　to develop photos, to print photos
　　　　　　　　　　　　　　　　　　　　現像する
　　　　　　　　　　　　　　　　　　　　동(사진을)현상하다

2. U盘　　　　（名）　　　yōupán　　　　flash memory disk
　　　　　　　　　　　　　　　　　　　　USB
　　　　　　　　　　　　　　　　　　　　USB메모리

3. 拿　　　　　（动）　　　ná　　　　　　to take, to hold, to bring
　　　　　　　　　　　　　　　　　　　　持つ
　　　　　　　　　　　　　　　　　　　　가지다

4. 小票　　　　（名）　　　xiǎopiào　　　receipt
　　　　　　　　　　　　　　　　　　　　伝票
　　　　　　　　　　　　　　　　　　　　지불표

5. 收银台　　　（名）　　　shōuyíntái　　cashier desk
　　　　　　　　　　　　　　　　　　　　キャッシャー、レジ
　　　　　　　　　　　　　　　　　　　　계산대

6. 收　　　　　（动）　　　shōu　　　　　to receive
　　　　　　　　　　　　　　　　　　　　徴収する
　　　　　　　　　　　　　　　　　　　　거두다

7. 交(钱)　　　（动）　　　jiāo (qián)　　to pay (the money)
　　　　　　　　　　　　　　　　　　　　（お金を）払う
　　　　　　　　　　　　　　　　　　　　내다

8. 苹果　　　　（名）　　　píngguǒ　　　apple
　　　　　　　　　　　　　　　　　　　　りんご
　　　　　　　　　　　　　　　　　　　　사과

9. 讲价		jiǎng jià	to bargain 値段を交渉する 값을 흥정하다
10. 付(钱)	(动)	fù (qián)	to pay (お金を)払う (돈을)지불하다
11. 开玩笑		kāi wánxiào	to make fun of 冗談を言う 농담하다
12. 来(两斤)	(动)	lái (liǎng jīn)	give me (two catties) (１キロ)ください (두 근) 주세요
13. 橘子	(名)	júzi	tangerine みかん 귤
14. 杯	(量)	bēi	(measure word for) cup 杯(コップなどの容器を単位にし液体の量を数える) 잔
15. 饮料	(名)	yǐnliào	drink 飲料、飲み物 음료수
16. 橙汁	(名)	chéngzhī	orange juice オレンジジュース 오렌지 쥬스
17. 深	(形)	shēn	dark (色が)濃い 짙은
18. 咖啡色	(名)	kāfēisè	coffee color コーヒー色、茶褐色 커피색
19. 传统	(形、名)	chuántǒng	traditional; tradition 伝統的・伝統 전통적, 전통
20. 可	(副)	kě	so, such とても、すごく ...할 수 있다(허가를 나타냄)
21. 好喝	(形)	hǎohē	drinkable おいしい 맛있는

22. 机会	（名）	jīhuì	chance, opportunity	

机会
기회

23. 用　　　　（动）　　　　yòng　　　　to use
～で、～を用いて
사용하다

24. 而且　　　（连）　　　　érqiě　　　　and
そのうえ
게다가

25. 厉害　　　（形）　　　　lìhai　　　　terrible, devastating
すごい
대단하다

◆ **专 名**　Proper nouns

　酸梅汤　　　　　　　　　　Suānméitāng　　plum juice
梅の薫製を砂糖水に入れて作った飲み物
오매탕(음료수)

◆ **补充词语**　Additional words

1. 矿泉水　　（名）　　　　kuàngquánshuǐ　　mineral water
ミネラルウォーター
광천수

2. 杂志　　　（名）　　　　zázhì　　　　magazine
雑誌
잡지

3. 英文　　　（名）　　　　Yīngwén　　　English
英語、英文
영문

4. 两　　　　（量）　　　　liǎng　　　　two
両(一両＝50グラム)
무게 냥(50g)

5. 接　　　　（动）　　　　jiē　　　　to take, to pick up (the phone)
(電話に)出る
받다

第三课 离这儿有多远？

◆ 生 词   New words

1. 西边　　　　（名）　　　xībian　　　west
　　　　　　　　　　　　　　　　　　西側、西の方
　　　　　　　　　　　　　　　　　　서쪽

2. 风景　　　　（名）　　　fēngjǐng　　scenery
　　　　　　　　　　　　　　　　　　風景、景色
　　　　　　　　　　　　　　　　　　풍경

3. 主意　　　　（名）　　　zhǔyi　　　idea
　　　　　　　　　　　　　　　　　　考え、アイデア
　　　　　　　　　　　　　　　　　　생각, 아이디어

5. 打的　　　　　　　　　　dǎ dī　　　to take a taxi
　　　　　　　　　　　　　　　　　　タクシーに乗る
　　　　　　　　　　　　　　　　　　택시를 잡다

6. 公共汽车　　（名）　　　gōnggòng qìchē　public bus
　　　　　　　　　　　　　　　　　　バス
　　　　　　　　　　　　　　　　　　버스

7. 出（主意）　（动）　　　chū (zhǔyi)　to come up with an idea
　　　　　　　　　　　　　　　　　　考えを出す
　　　　　　　　　　　　　　　　　　내다

8. 朝　　　　　（介）　　　cháo　　　(in the direction of), towards
　　　　　　　　　　　　　　　　　　〜に向かって
　　　　　　　　　　　　　　　　　　...을 향하여

9. 方向　　　　（名）　　　fāngxiàng　direction
　　　　　　　　　　　　　　　　　　方向
　　　　　　　　　　　　　　　　　　방향

10. 北　　　　　（名）　　　běi　　　north
　　　　　　　　　　　　　　　　　　北
　　　　　　　　　　　　　　　　　　북쪽

11. 西北　　　　（名）　　　xīběi　　　northwest
　　　　　　　　　　　　　　　　　　北西
　　　　　　　　　　　　　　　　　　서북

12. 看见　　　　　　　　　　kàn jiàn　　to see
　　　　　　　　　　　　　　　　　　目に入る、見える
　　　　　　　　　　　　　　　　　　보다, 보이다

13. 路口　　　　（名）　　　lùkǒu　　　crossing, intersection
　　　　　　　　　　　　　　　　　　路の交差するところ
　　　　　　　　　　　　　　　　　　길목, 갈림길

14. 左　　　　　（名）　　　zuǒ　　　　left
　　　　　　　　　　　　　　　　　　左
　　　　　　　　　　　　　　　　　　왼쪽

15. 照相　　　　　　　　　　zhào xiàng　to take a picture
　　　　　　　　　　　　　　　　　　写真を撮る、写真を写す
　　　　　　　　　　　　　　　　　　사진

16. 背景　　　　（名）　　　bèijǐng　　background
　　　　　　　　　　　　　　　　　　背景
　　　　　　　　　　　　　　　　　　배경

17. 糟糕　　　　（形）　　　zāogāo　　〈coll.〉What a mess! Too bad!
　　　　　　　　　　　　　　　　　　しまった、大変だ
　　　　　　　　　　　　　　　　　　망치다

18. 电　　　　　（名）　　　diàn　　　electricity
　　　　　　　　　　　　　　　　　　電気
　　　　　　　　　　　　　　　　　　전기

19. 充电　　　　　　　　　　chōng diàn　to charge
　　　　　　　　　　　　　　　　　　充電する
　　　　　　　　　　　　　　　　　　[동사] 충전하다.

20. 马大哈　　　（名）　　　mǎdàhā　　careless man, scatterbrain
　　　　　　　　　　　　　　　　　　うっかり者、間抜け
　　　　　　　　　　　　　　　　　　덜렁꾼, 일을 되는대로 하는 사람

21. 挑　　　　　（动）　　　tiāo　　　to choose
　　　　　　　　　　　　　　　　　　選ぶ
　　　　　　　　　　　　　　　　　　고르다

22. 把　　　　　（介）　　　bǎ　　　　(used when the object is placed before the verb, and is the recipient of the action)
　　　　　　　　　　　　　　　　　　～を（～する）
　　　　　　　　　　　　　　　　　　을, 를 (직접목적어 앞에 사용되며 목적 어뒤에는 타동사가 따라온다)

23. 拷　　　　　（动）　　　kǎo　　　to copy
　　　　　　　　　　　　　　　　　　コピーする
　　　　　　　　　　　　　　　　　　복사하다 카피하다

24. 满意　　　　（形）　　　mǎnyì　　satisfied
　　　　　　　　　　　　　　　　　　満足する
　　　　　　　　　　　　　　　　　　만족하다

◆ 补充词语　Additional words

1. 车站　　　　（名）　　　chēzhàn　　(bus, train or taxi) station
　　　　　　　　　　　　　　　　　　駅、停車場、バス停
　　　　　　　　　　　　　　　　　　정거장

2. 餐厅　　　　（名）　　　　cāntīng　　　　dinning hall
　　　　　　　　　　　　　　　　　　　　　食堂、レストラン
　　　　　　　　　　　　　　　　　　　　　식당

3. 头发　　　　（名）　　　　tóufa　　　　　hair
　　　　　　　　　　　　　　　　　　　　　髪の毛
　　　　　　　　　　　　　　　　　　　　　머리카락

4. 钥匙　　　　（名）　　　　yàoshi　　　　key
　　　　　　　　　　　　　　　　　　　　　かぎ
　　　　　　　　　　　　　　　　　　　　　열쇠

5. 钱包　　　　（名）　　　　qiánbāo　　　purse, wallet
　　　　　　　　　　　　　　　　　　　　　お財布
　　　　　　　　　　　　　　　　　　　　　지갑

第四课　她又聪明又用功

◆ 生 词　New words

1. 聪明　　　　（形）　　　　cōngming　　　smart
　　　　　　　　　　　　　　　　　　　　　賢い、りこうである
　　　　　　　　　　　　　　　　　　　　　총명하다

2. 用功　　　　（形）　　　　yònggōng　　　study hard, make great efforts
　　　　　　　　　　　　　　　　　　　　　努力する
　　　　　　　　　　　　　　　　　　　　　열심히 공부하다

3. 好久　　　　（形）　　　　hǎojiǔ　　　　a long time
　　　　　　　　　　　　　　　　　　　　　長い間
　　　　　　　　　　　　　　　　　　　　　오랫동안

4. 最近　　　　（名）　　　　zuìjìn　　　　recently
　　　　　　　　　　　　　　　　　　　　　最近
　　　　　　　　　　　　　　　　　　　　　요즘, 최근

5. 进步　　　　（动）　　　　jìnbù　　　　progress
　　　　　　　　　　　　　　　　　　　　　進歩
　　　　　　　　　　　　　　　　　　　　　진보

6. 讲　　　　　（动）　　　　jiǎng　　　　to tell, to represent
　　　　　　　　　　　　　　　　　　　　　話す、言う
　　　　　　　　　　　　　　　　　　　　　말하다

7. 但是　　　　（连）　　　　dànshì　　　　but
　　　　　　　　　　　　　　　　　　　　　しかし
　　　　　　　　　　　　　　　　　　　　　그러나

8. 越……越……　　　　　　　yuè...yuè...　　the more... the more...
　　　　　　　　　　　　　　　　　　　　　～であればあるほど～
　　　　　　　　　　　　　　　　　　　　　점 점

9. 着急	（形）	zháo jí	worry, feel anxious 焦る、心配する 조급하다	
10. 同样	（形）	tóngyàng	same 同様である、同じである 같은	
11. 急	（形）	jí	impatient, anxious 焦る 급하다	
12. 认真	（形）	rènzhēn	conscientious 真に受ける、本気にする 진담으로 여기다	
13. 比如	（动）	bǐrú	for example, such as たとえば 예를 든다면	
14. 录音		lù yīn	recording 録音 녹음	
15. 经常	（形）	jīngcháng	often いつも、しょっちゅう 자주, 종종	
16. 好像	（副）	hǎoxiàng	like, seem まるで〜のようだ、〜のような気がする 마치…같다	
17. 道	（量）	dào	(measure word) 標題などを数える量詞 (문제)의 횟수	
18. 题	（名）	tí	question, subject 問題 문제	
19. 记住		jìzhù	to remember しっかり覚える 기억하다	
20. 句	（量）	jù	(measure word for) sentence センテンス・言葉を数える単位 구	
21. 话	（名）	huà	speech, talk, words 言葉、話 말	

22. 怕	（动）	pà	to fear 恐れる、怖がる 두렵다
23. 出错		chū cuò	to make a mistake 間違いが起こる 틀리다
24. 努力	（形）	nǔlì	to try hard, to work hard 努力する 열심히 하다
25. 东西	（名）	dōngxi	thing もの 물건
26. 帮助	（动）	bāngzhù	to help 助ける 도와주다
27. 加油		jiā yóu	to make an extra effort がんばる 격려하다

◆ 补充词语　Additional words

1. 西瓜	（名）	xīguā	watermelon スイカ 수박
2. 生气		shēng qì	to get angry 怒る、腹を立てる 화나다
3. 字典	（名）	zìdiǎn	dictionary 字典 자전
4. 四川	（名）	Sìchuān	name of a province in China 四川省（地名） 사천
5. 香菇菜心	（名）	Xiānggū-càixīn	mushrooms and green vegetable サイシンとしいたけの炒あもの 버섯과 야채（차이신）볶음
6. 饿	（形）	è	hungry （お腹が）空く 배고프다

第五课　怎么了？

◆ 生词　New words

1. （去不）了　　（动）　　(qù bu)liǎo　　can not go
　　　　　　　　　　　　　　　　　　　　行かれない、〜しきれる・しきれない（可能性があるかないかを言う）
　　　　　　　　　　　　　　　　　　　　문장의 말미에 쓰여서 어떤 상황이 앞으로 출현할 것임을 표시

2. 提　　　　　　（动）　　tí　　　　　　to bring up, to mention, to carry (with hand)
　　　　　　　　　　　　　　　　　　　　話題にする
　　　　　　　　　　　　　　　　　　　　꺼내다

3. 倒霉　　　　　（形）　　dǎo méi　　　bad luck
　　　　　　　　　　　　　　　　　　　　ついてない、運が悪い
　　　　　　　　　　　　　　　　　　　　재수 없다

4. 丢　　　　　　（动）　　diū　　　　　to lose
　　　　　　　　　　　　　　　　　　　　なくす
　　　　　　　　　　　　　　　　　　　　잃어 버리다

5. 锁　　　　　　（动、名）　suǒ　　　　to lock
　　　　　　　　　　　　　　　　　　　　自転車
　　　　　　　　　　　　　　　　　　　　(자물쇠를) 잠그다

6. 车　　　　　　（名）　　chē　　　　　vehicle, bicycle
　　　　　　　　　　　　　　　　　　　　（鍵を）掛ける
　　　　　　　　　　　　　　　　　　　　차

7. 钥匙　　　　　（名）　　yàoshi　　　 key
　　　　　　　　　　　　　　　　　　　　かぎ
　　　　　　　　　　　　　　　　　　　　열쇠

8. 手　　　　　　（名）　　shǒu　　　　 hand
　　　　　　　　　　　　　　　　　　　　手
　　　　　　　　　　　　　　　　　　　　손

9. 肯定　　　　　（形）　　kěndìng　　　definte
　　　　　　　　　　　　　　　　　　　　間違いなく、必ず
　　　　　　　　　　　　　　　　　　　　확실히. 틀림없이. 의심할 여지없이

10. 被　　　　　　（介）　　bèi　　　　　passive signifier
　　　　　　　　　　　　　　　　　　　　〜に〜される
　　　　　　　　　　　　　　　　　　　　…에 의하여

11. 偷　　　　　　（动）　　tōu　　　　　to steal
　　　　　　　　　　　　　　　　　　　　盗む
　　　　　　　　　　　　　　　　　　　　훔치다

12. 遍	（量）	biàn	(measure word) for action, time, etc.
			回、遍
			번, 차례
13. 旧	（形）	jiù	old
			古い、古くなった
			오래된, 낡은
14. 放	（动）	fàng	to put in (a certain place)
			置く・休暇になる
			놓다
15. 光	（副）	guāng	only, just
			ただ、だけ
			다만, 오직
16. 顾	（动）	gù	to pay attention to
			かまう、気にする
			뒤돌아보다, 바라보다
17. 可能	（助动）	kěnéng	proprobly, possible
			〜だろう、〜らしい
			가능하다
18. 不一定		bù yídìng	not sure
			定まっていない、…とはかぎらない
			꼭 그렇지는 않다
19. 关系	（名）	guānxi	relationship
			関係
			관계
20. 大家	（代）	dàjiā	all, everybody
			みんな
			모두
21. 热闹	（形）	rènao	lively, bustling with activity
			にぎやかになる
			벅적벅적하다
22.（女朋友）吹	（动）	(nǚ péngyou) chuī	to break up (the relation)
			だめになる、彼女と別れた
			(여자 친구)가 허풍을 떨다
23. 抱歉	（形）	bàoqiàn	feel sorry
			ごめん、もうしわけありません
			미안하다
24. 没什么		méi shénme	it doesn't matter, it's nothing
			たいしたことはない、なんでもない
			괜찮다

25. 后天	（名）	hòutiān	the day after tomorrow
			あさって
			다음날
26. 方便	（形）	fāngbiàn	convenient
			都合が良い
			편리하다

◆ 专 名　Proper nouns

圣诞节	（名）	Shèngdànjié	Christmas
			クリスマス
			성탄절

◆ 补充词语　Additional words

1. 病	（动）	bìng	get sick
			病気（になる、をする）
			병이 나다
2. 纸	（名）	zhǐ	paper
			紙
			종이
3. 笔	（名）	bǐ	pen, pencil
			ペン
			펜
4. 原谅	（动）	yuánliàng	to forgive, to excuse
			許す
			용서하다
5. 摔倒		shuāidǎo	to slip and fall down
			倒れる
			넘어지다
6. 扶	（动）	fú	to support sth. with the hand
			助け起こす
			부축하다

第六课　我习惯……

◆ 生 词　New words

1. 午饭	（名）	wǔfàn	lunch
			昼食
			점심

2. 午睡	（动）	wǔshuì	afternoon nap 昼寝 낮잠	
3. 打扰	（动）	dǎrǎo	to disturb 邪魔をする 시끄럽다	
4. 没事儿		méi shìr	It's OK, It doesn't matter なんでもない、たいしたことではない 괜찮다	
5. 空儿	（名）	kòngr	spare time 暇、空いているとき 틈, 짬	
6. 请教	（动）	qǐngjiào	to consult 教えを請う、教えてもらう 가르침을 청하다	
7. 不敢当	（动）	bùgǎndāng	a polite expression in reply to a compliment, somebody's best wishes, treatment,etc. 恐れ入ります、どういたしまして 감당할 수 없다	
8. 起	（动）	qǐ	to get up 起きる 일어나다	
9. 那么	（代）	nàme	so, in that way そんなに 그렇게	
10. 跑步		pǎo bù	to run, to jog 駆け足をする 달리다	
11. 锻炼	（动）	duànliàn	to take physical exercises 鍛える 단련하다	
12. 中午	（名）	zhōngwǔ	noon 昼ごろ 오정	
13. 球	（名）	qiú	ball （スポーツ用の）ボール 공	
14. 起来		qǐ lai	get up 起きる(起不来=起きられない) （잠자리에서）일어나다.	

15.	懒	(形)	lǎn	lazy
				不精だ、おっくうである
				게으르다
16.	请客		qǐng kè	to entertain guests
				ごちそうする、おごる
				손님을 초대 하다
17.	爱	(动)	ài	to like, to love
				好きである
				좋아하다
18.	有名	(形)	yǒumíng	famous
				有名である
				유명하다
19.	不如	(动)	bùrú	to be unequal/inferior to
				～におよばない
				…하는 편이 낫다
20.	呀	(助)	ya	ah, oh
				文末に用いて疑問の語気をあらわす
				아! 야! (놀람을 나타냄)
21.	北方	(名)	běifāng	north
				北方地区
				북방
22.	咸	(形)	xián	salty
				塩辛い
				짠
23.	南方	(名)	nánfāng	southern area
				南方地区
				남방
24.	南	(名)	nán	south
				南
				남
25.	东	(名)	dōng	east
				東
				동
26.	西	(名)	xī	west
				西
				서
27.	东边	(名)	dōngbian	east side
				東側、東の方
				동쪽
28.	辣椒	(名)	làjiāo	hot pepper
				とうがらし
				고추

29. 大葱	（名）	dàcōng	green onion ねぎ 대파
30. 原来	（形）	yuánlái	so, it turns out もともと 원래

◆ 专名 Proper nouns

1. 辣子鸡丁	làzi jīdīng	chicken cubes with hot pepper 鶏肉唐辛子いため 고추와 함께 튀긴 매운 닭조각
2. 麻婆豆腐	mápó dòufu	pockmarked grandma's beancurd 麻婆豆腐 마포두부
3. 川菜	Chuāncài	Sichuan dishes 四川料理 사천 음식
4. 四川	Sìchuān	name of a province 四川省（地名） 사천
5. 山东	Shāndōng	name of a province 山東省（地名） 산동
6. 山西	Shānxī	name of a province 山西省（地名） 산시

◆ 补充词语 Additional words

1. 包子	（名）	bāozi	steamed stuffed bun with meat or vegetables inside （中に餡の入った）まんじゅう （소가 든)찐빵이나 만두
2. 谈	（动）	tán	to talk, to have a conversation 話す
3. 午休	（动）	wǔxiū	to take a nap at noon 昼休み 낮잠

16

4. 活动	（名）	huódòng	activity 運動する、体を動かす 활동	
5. 萝卜	（名）	luóbo	turnip, radish 大根；スズシロ 무	
6. 白菜	（名）	báicài	Chinese cabbage 白菜 배추	
7. 各	（代）	gè	each 各、それぞれ 각 각	
8. 所(爱)	（助）	suǒ	suffix 〜のところ 좋아하는 것	

第七课　天气越来越冷了

◆ 生 词　New words

1. 越来越……		yuè lái yuè...	more and more ますます〜 점점 더
2. 然后	（连）	ránhòu	then, after that それから、そのご 그런 다음에
3. 出发	（动）	chūfā	to start off 出発する 출발하다
4. 不过	（连）	búguò	but, however しかし、でも 그런데, 그러나
5. 打开		dǎ kāi	to turn on (TV, lights, etc.) スイッチを入れる 켜다
6. 差不多	（副）	chàbuduō	to be about the same, to be similar ほとんだ、たいてい 거의
7. 查(字典)	（动）	chá (zìdiǎn)	to check (the dictionary) (字典を)調べる 찾다

8. 字典	（名）	zìdiǎn	dictionary 字典 자전
9. 能够	（助动）	nénggòu	can, to be able to ～できる ...할 수 있다
10. 白天	（名）	báitiān	daytime 昼間 낮
11. 晴	（形）	qíng	fine (day) 晴れ 맑다
12. 午后	（名）	wǔhòu	after lunch, in the afternoon 午後 오후
13. 阴	（形）	yīn	cloudy 曇り 흐리다
14. 广告	（名）	guǎnggào	advertisement 広告 광고
15. 马上	（副）	mǎshàng	at once, immediately すぐ、直ちに 곧, 즉시
16. 播	（动）	bō	to broadcast 伝える 방송하다
17. 准	（形）	zhǔn	accurate 確かである 정확하다
18. 雪	（名）	xuě	snow 雪 눈
19. 吹牛		chuī niú	to boast ほらを吹く 허풍떨다, 과장하다
20. 注意	（动）	zhùyì	to pay attention to, to take notice of 注意する 주의하다
21. 容易	（形）	róngyì	easy やさしい、たやすい 쉽다

22. 特别	（副）	tèbié	particularly, especially
			とりわけ、特に
			특별히
23. 雪景	（名）	xuějǐng	snow scenery
			雪景色
			설경
24. 滑	（动）	huá	to skate
			すべる
			미끄럽다
25. 冰	（名）	bīng	ice
			氷
			얼음

◆ 专名　Proper nouns

1. 上海		Shànghǎi	name of a city
			上海市（地名）
			상해
2. 云南		Yúnnán	name of a province
			雲南省（地名）
			운남

◆ 补充词语　Additional words

1. 银行	（名）	yínháng	bank
			銀行
			은행
2. 洗	（动）	xǐ	to wash
			洗う
			씻다
3. 上班		shàng bān	to go to work
			出勤する
			출근하다
4. 约会	（名）	yuēhuì	date, engagement
			デート、約束した付き合い
			약속하다
5. 迟到	（动）	chídào	to be late
			遅刻する
			늦다
6. 奇怪	（形）	qíguài	strange
			おかしい
			이상하다

7. 修	（动）	xiū	to repair
			直す、修理する
			수리하다

第八课　你会包饺子吗？

◆ 生词　New words

1. 包	（动）	bāo	to wrap, to make (dumpling)
			包む
			싸다, 싸매다
2. 速	（形）	sù	fast, quickly
			速い
			빠르다, 신속하다
3. 冻	（动）	dòng	to freeze, to feel very cold
			凍る
			얼다
4. 自己	（代）	zìjǐ	myself
			自分
			자기
5. 可	（副）	kě	but, however
			平叙文で強調・断定を表す
			그런데
6. 湿	（形）	shī	wet
			ぬれている、湿っている
			젖다
7. 信	（动）	xìn	to believe
			信じる、信用する
			믿다
8. 哎呀	（叹）	āiyā	(interj.)
			驚いたりするときに発する言葉
			아이구
9. 杯子	（名）	bēizi	cup
			コップ
			컵
10. 打(碎)	（动）	dǎ (suì)	to be broken
			壊す、壊れる
			깨뜨리다
11. 碎	（形）	suì	to break into pieces, broken
			砕ける、ばらばらになる
			부서지다

12. 接（电话）	（动）	jiē (diànhuà)	to answer a phone call
			（電話に）出る
			（전화를） 받다
13. 教	（动）	jiāo	to teach
			教える
			가르치다
14. 皮	（名）	pí	wrapper
			皮
			껍질, 껍데기
15. 馅儿	（名）	xiànr	stuffing
			（食品、菓子などの）あん
			속
16. 中间	（名）	zhōngjiān	middle
			真ん中、中心
			중간
17. 边	（名）	biān	side, edge of
			端
			쪽
18. 合	（动）	hé	close
			閉じる、あわせる
			합치다
19. 捏	（动）	niē	pinch, nip
			つまむ
			집다, 빚다, 누르다
20. 紧	（形）	jǐn	tight, close
			すきまがない、きつくする
			팽팽하다
21. 煮	（动）	zhǔ	to boil
			煮る、ゆでる
			끓이다
22. 破	（形）	pò	broken, damage
			破れる、穴があく
			뜯어지다, 구멍나다
23. （水）开（了）	（动）	(shuǐ) kāi (le)	to boil
			（液体が）沸騰する、沸く
			물이 끓다
24. 进去		jìn qu	(put) in
			（動詞の後で）動作が外から中へ入る
			집어 넣다

25. 漂	（动）	piāo	to float
			浮かぶ、漂う
			뜨다
26. 上来		shàng lai	(used after a verb or adj.)
			上がってくる
			떠오르다
27. 熟	（形）	shú(shóu)	cooked
			煮える、煮あがる
			익다

◆ 补充词语　Additional words

一样	（形）	yíyàng	same
			〜のようだ
			같다

第九课　帮我修修自行车吧

◆ 生　词　New words

1. 修	（动）	xiū	to repair
			修理する
			고치다
2. 坏	（形）	huài	bad, damage
			壊れる、だめになる
			고장나다
3. 车带	（名）	chēdài	tire
			タイヤ
			바퀴
4. 打气		dǎ qì	to put air in
			空気を入れる
			바람 넣다
5. 气	（名）	qì	air
			空気
			바람
6. 出(毛病)	（动）	chū (máobing)	to go wrong
			(故障が)起きる
			생기다
7. 毛病	（名）	máobing	problem
			故障
			약점, 흠

8. 修车部	（名）	xiūchēbù	bike/car repair department	
			（車や自転車の）修理屋	
			자전거 수리센터	
9. 好几	（数）	hǎojǐ	quite a few	
			いくつも（量の大きいことを強調する）	
			여러개	
10. 等不及	（动）	děngbují	can't wait	
			待ちきれない	
			기다릴 수 없다	
11. 窗户	（名）	chuānghu	window	
			窓	
			창문	
12. 困难	（形）	kùnnan	difficult	
			困難	
			곤란	
13. 记	（动）	jì	to write down	
			記す、書き留める	
			기록하다	
14. 重复	（动）	chóngfù	to repeat	
			繰り返す	
			중복하다	
15. 没错(儿)		méi cuò(r)	nothing wrong, right	
			まちがいない	
			틀리지 않다	
16. 脸色	（名）	liǎnsè	look, complexion	
			顔色	
			얼굴 색	
17. 着凉		zháo liáng	to have a cold	
			風邪を引く	
			감기에 걸리다	
18. 常	（副）	cháng	often, frequently	
			いつも、しょっちゅう	
			자주	
19. 春	（名）	chūn	spring	
			春	
			봄	
20. 捂	（动）	wǔ	to cover	
			覆う	
			가리다, 덮다, 막다	
21. 秋	（名）	qiū	autumn	
			秋	
			가을	

22. 嗓子	（名）	sǎngzi	throat のど 목구멍
23. 难受	（形）	nánshòu	to feel bad, uncomfortable つらい、苦しい 괴롭다, 참기 어렵다
24. 开(药)	（动）	kāi (yào)	to give a prescription 薬を出す 약 이름을 써주다
25. 药	（名）	yào	medicine 薬 약
26. 没用		méi yòng	useless 役に立たない 소용없다
27. 生气		shēng qì	to be angry 怒る、腹を立てる 화를 내다
28. 经验	（名）	jīngyàn	experience 経験 경험

◆ 专名　Proper nouns

朴志永		Piáo Zhìyǒng	name of a person

◆ 补充词语　Additional words

1. 铅笔	（名）	qiānbǐ	pencil 鉛筆 연필
2. 段	（量）	duàn	(measure word) 事物の段落を数える 구분, 단
3. 干净	（形）	gānjìng	clean, neat きれいである、清潔である 깨끗하다
4. 肚子	（名）	dùzi	stomach おなか 배

5. 它	（代）	tā	it それ 그(것)
6. 变化	（动）	biànhuà	to change 変化 변화
7. 经历	（名）	jīnglì	experience 経験、体験 경험

第十课　这幅画儿真棒！

◆ 生 词　New words

1. 幅	（量）	fú	(measure word) for paintings 幅、枚（絵画や布地を数える） 폭
2. 画儿	（名）	huàr	painting 絵 그림
3. 棒	（形）	bàng	very good, excellent 掛ける 걸다
4. 搬	（动）	bān	to move 引越しする 옮기다, 운반하다
5. 声	（量）	shēng	measure word (used to indicate the sounds) 声 마디, 소리
6. 公司	（名）	gōngsī	company 会社 회사
7. 应该	（助动）	yīnggāi	should, ought to 〜べきである 마땅히 …해야 한다
8. 祝贺	（动）	zhùhè	to congratulate 祝う 축하하다
9. 乱	（形）	luàn	mess, disorderly 乱れる 엉망이다

10. 布置	（动）	bùzhì	to arrange, to decorate (a room)
			しつらえる
			（방안을）배치하다
11. 替	（动）	tì	to substitute for
			〜に代わる
			대신하다
12. 房子	（名）	fángzi	house
			家
			방
13. 虽然	（连）	suīrán	though
			〜ではあるけれども
			…한다 할지라도
14. 亮	（形）	liàng	shiny, bright
			明るい
			밝다, 환하다
15. 挂	（动）	guà	to hang
			すばらしい
			훌륭하다, 좋다
16. 面	（量）	miàn	(measure word) for flat and smooth objects
			枚（平らなものを数える）
			면
17. 墙	（名）	qiáng	wall
			壁、塀
			벽
18. 画家	（名）	huàjiā	artist, painter
			画家
			화가
19. 低	（形）	dī	low
			低い
			낮다
20. 它	（代）	tā	it
			それ
			그(것)
21. 右	（名）	yòu	right
			右
			오른쪽
22. 书架	（名）	shūjià	bookshelf
			本棚
			책장
23. 床	（名）	chuáng	bed
			ベット
			침대

24. 近	（形）	jìn	near, close
			近い
			가깝다
25. 躺	（动）	tǎng	to lie
			横になる、寝そべる
			눕다
26. 哪	（助）	na	(particle)
			文末に用いて肯定・催促の語気を表す
			감탄을 표시하는 어기조사
27. 亲戚	（名）	qīnqi	relative
			親戚
			친척
28. 省	（动）	shěng	to save
			節約する、省く
			절약하다
29. 力气	（名）	lìqi	strength
			力
			힘

◆ 专 名　Proper nouns

刘伟		Liú Wěi	Liu Wei
			劉偉（人名）
			장위(인명)

◆ 补充词语　Additional words

1. 叫	（动）	jiào	to call
			呼ぶ
			부르다. 불러 오다. 호출하다.
2. 笑话	（动）	xiàohua	to laugh at
			笑い話、人を笑いものにする
			비웃다
3. 早饭	（名）	zǎofàn	breakfast
			朝食
			아침

第十一课　有什么好电影？

◆ 生词　New words

1. 电影院　　（名）　　diànyǐngyuàn　　movie theater, cinema
映画館
극장

2. 放（电影）　（动）　　fàng (diànyǐng)　　to show
上映する
돌리다, 방영하다

3. 等　　　　（助）　　děng　　and so on
など
등

4. 大部分　　　　　　　dà bùfen　　most of
大部分
대부분

5. 值得　　　（动）　　zhíde　　to be worth
〜する値打ちがある
가치가 있다

6. 迷　　　　（名）　　mí　　fan
〜ファン
팬, 광

7. 部　　　　（量）　　bù　　(measure word)
本（映画、書籍などをかぞえる）
편

8. 影片　　　（名）　　yǐngpiàn　　film
映画
영화 필름

9. 记不清　　　　　　　jì bu qīng　　can't remember clearly
はっきり覚えていない
기억하지 못한다

10. 报　　　（名）　　bào　　newspaper
ある種の刊行物
신문

11. 导演　　（名）　　dǎoyǎn　　director
監督
감독

12. 演员　　（名）　　yǎnyuán　　actor, actress, performer
俳優
영화 배우

13. 丈夫	（名）	zhàngfu	husband 夫 남편
14. 妻子	（名）	qīzi	wife 妻 부인
15. 想象	（动）	xiǎngxiàng	to imagine 想像する 상상하다
16. 吵	（动）	chǎo	to quarrel 騒がしい、やかましい 시끄럽다
17. 要命		yào mìng	extremely （程度が）はなはだしい 목숨을 빼앗다, 심하다
18. 耳朵	（名）	ěrduo	ear 耳 귀
19. 聋	（形）	lóng	deaf 耳が聞こえない、耳が遠い 귀가 멀다
20. 受(不了)		shòu (bu liǎo)	can not stand it 耐えられない （참기）어렵다
21. 相信	（动）	xiāngxìn	to believe 信じる　信用する 믿다. 신임하다.
22. 京剧	（名）	jīngjù	Peking Opera 京劇 베이징 오페라
23. 正好	（副）	zhènghǎo	just in time, as it happens ちょうど 마침
24. 场	（量）	chǎng	(measure word) 上演回数を数える量詞 차례, 번
25. 表演	（动）	biǎoyǎn	to perform （劇・踊り・歌などを）演じる 공연하다. 연기하다.
26. 服装	（名）	fúzhuāng	dress, clothes 服装 의상

27. 翻译	（动）	fānyì	to translate 翻訳する 통역하다	
28. 对	（介）	duì	to, for 〜に対して …에 대해	
29. 感兴趣		gǎn xìngqu	to be interested in 興味がある 흥미를 느끼다	

◆ 专名　Proper nouns

1. 《卧虎藏龙》　　　　　Wò Hǔ Cáng Lóng　*Crouching Tiger Hidden Dragon*
『グリンディスティニー』映画の題名
『와호장용』(영화의 이름)

2. 《我的父亲母亲》　　　Wǒ de Fùqīn Mǔqīn　*My Parents*
『初恋からきた道』映画の題名
『나의 아버지, 어머니』(영화의 이름)

3. 《饮食男女》　　　　　Yǐnshí Nánnǚ　*Drinking, eating, men and women*
『恋人たちの食卓』映画の題名
『식욕과 성욕』(영화의 이름)

◆ 补充词语　Additional words

1. 困	（形）	kùn	sleepy 眠い 고생하다
2. 巧克力	（名）	qiǎokèlì	chocolate チョコレート 쵸코렛
3. 流行歌曲		liúxíng gēqǔ	pop song 流行歌 유행가곡
4. 《不见不散》		Bú jiàn bú sàn	*to be there or be square* 不見不散（映画の題名） 꼭 만나자
5. 演出	（动）	yǎnchū	to perform 公演する (동사) 공연하다.
6. 印象	（名）	yìnxiàng	impression 印象 인상

7. 对于	（介）	duìyú	with regard to, concerning to
			〜について、〜に関して
			…에 대하여
8. 看法	（名）	kànfǎ	point of view, opinion
			見方
			견해
9. 精彩	（形）	jīngcǎi	brilliant, wonderful
			すばらしい
			훌륭하다, 근사하다

第十二课　我还是相信"一分钱一分货"

◆ 生词　New words

1. 货	（名）	huò	goods
			品物
			물품, 상품
2. 帽子	（名）	màozi	hat, cap
			帽子
			모자
3. 过去	（动）	guòqù	to pass by
			（こちらからあちらへ）行く
			(동사) 지나가다. 지나다. (화자나 서술 대상이 있는 시점이나 지점을 거쳐 지나감을 나타냄.)
4. 头发	（名）	tóufa	hair (human)
			髪
			머리
5. 戴	（动）	dài	to wear (a hat)
			かぶる
			쓰다
6. 些	（量）	xiē	measure word
			すこし、もうすこし
			좀, 약간 (적은 수량을 나타냄)
7. 顶	（量）	dǐng	(measure word) for hat
			帽子やテントなどてっぺんのあるものを数える量詞
			꼭대기가 있는 물건을 세는 단위
8. 挡	（动）	dǎng	to ward off
			さえぎる
			가리다

9. 白	（形）	bái	white
			白い
			흰
10. 式样	（名）	shìyàng	style
			様式、デザイン
			견본
11. 受（欢迎）	（动）	shòu (huānyíng)	everyone likes it
			歓迎される、人気がある
			환영 받다
12. 照（镜子）	（动）	zhào (jìngzi)	to mirror
			（鏡に）映す
			（거울에) 비춰보다
13. 女生	（名）	nǚshēng	girl, female students
			女生徒
			여학생
14. 折	（名）	zhé	discount
			割引する、値引きする
			할인하다
15. 价钱	（名）	jiàqian	price
			値段
			가격
16. 降	（动）	jiàng	to fall, to drop, to go down
			下げる、落とす
			떨어지다
17. 质量	（名）	zhìliàng	quality
			質
			질
18. 条	（量）	tiáo	(measure word)
			着（細長いものを数える)
			벌 (본문 중, 옷을 세는 단위)
19. 裤子	（名）	kùzi	trousers, pants
			ズボン
			바지
20. 试衣间	（名）	shì yī jiān	dressing room, fitting room
			試着室
			옷을 입어보는 방
21. 包	（名）	bāo	bag
			かばん、袋
			가방

22. 换	（动）	huàn	to change
			替わる
			바꾸다
23. 季	（名）	jì	season
			季節
			계절
24. 降价		jiàngjià	on sale, to cut or bring down the price
			値段を下げる
			가격이 내리다
25. 俗话	（名）	súhuà	common saying
			ことわざ、よく言われる言葉
			속담
26. 道理	（名）	dàoli	reason
			道理
			도리
27. 掉	（动）	diào	to drop (or used as a complement after certain verbs)
			なくす、〜してしまう
			떨어지다

◆ 补充词语　Additional words

1. 参观	（名）	cānguān	to visit, to tour
			見学する　見物する
			참관하다. 견학하다.
2. 父母	（名）	fùmǔ	parents, father and mother
			両親、父母
			부모
3. 顾客	（名）	gùkè	customers
			客
			손님

第十三课　我想给她买件礼物

◆ 生词　New words

1. 束	（量）	shù	bunch
			束(束ねたものを数える)
			묶음, 다발

33

2. 花	（名）	huā	flower
			花
			꽃
3. 或者	（连）	huòzhě	or
			あるいは、または
			아니면, 혹은
4. 蛋糕	（名）	dàngāo	cake
			ケーキ
			케익
5. 姐姐	（名）	jiějie	elder sister
			姉
			언니
6. 需要	（动）	xūyào	to need, to require
			必要である
			필요하다
7. 毛衣	（名）	máoyī	sweater
			セーター
			쉐타
8. 了解	（动）	liǎojiě	to know, to understand
			理解する、わかる
			이해하다
9. 广播	（动、名）	guǎngbō	broadcast
			放送
			방송
10. 顾客	（名）	gùkè	customer
			お客さま
			손님
11. 光临	（动）	guānglín	to be present (of a guest, etc.)
			ご来訪
			왕림하다
12. 本(店)	（代）	běn(diàn)	this
			本(店)
			본(점)
13. 品种	（名）	pǐnzhǒng	variety
			品数
			품종, 제품의 종류
14. 合理	（形）	hélǐ	reasonable
			合理的である、理にかなっている
			합당하다
15. 服务	（动）	fúwù	to serve
			サービス
			써비스 하다

16. 周到	（形）	zhōudào	considerate 行き届いている 세심하다, 꼼꼼하다	
17. 肥	（形）	féi	fat (for clothing, shoes, etc.) ゆったりしている、幅が広い 풍성하다	
18. 母亲	（名）	mǔqīn	mother 母 어머니	
19. 消息	（名）	xiāoxi	news 知らせ、情報 소식	
20. 联系	（动）	liánxì	to contact, in touch with 連絡する 연결하다	
21. 显得	（动）	xiǎnde	to look, to seem いかにも～に見える …하게 보이다	
22. 年轻	（形）	niánqīng	young 年が若い 젊다	
23. 感谢	（动）	gǎnxiè	thanks, to be grateful 感謝する 감사하다	
24. 热情	（形）	rèqíng	enthusiasm, warm-hearted 親切である、心がこもっている 친절하다	
25. 理想	（形）	lǐxiǎng	ideal 理想的である 이상적	

◆ 补充词语　Additional words

1. 退票		tuì piào	to return the ticket キャンセルチケット 표를 물리다	
2. 退换	（动）	tuìhuàn	to return and change 取り替える 바꾸다	

第十四课　我最喜欢逛书店了

◆ 生 词　New words

1. 书店　　　（名）　　shūdiàn　　　　bookstore
　　　　　　　　　　　　　　　　　　書店
　　　　　　　　　　　　　　　　　　서점

2. 划（船）　（动）　　huá (chuán)　　to row a boat
　　　　　　　　　　　　　　　　　　船をこぐ
　　　　　　　　　　　　　　　　　　(배를) 젓다

3. 船　　　　（名）　　chuán　　　　　boat
　　　　　　　　　　　　　　　　　　船、ボート
　　　　　　　　　　　　　　　　　　배

4. 本　　　　（量）　　běn　　　　　　(measure word) for books
　　　　　　　　　　　　　　　　　　冊（書籍、帳簿類を数える）
　　　　　　　　　　　　　　　　　　권

5. 还　　　　（动）　　huán　　　　　to return
　　　　　　　　　　　　　　　　　　返す
　　　　　　　　　　　　　　　　　　돌려주다

6. 夜　　　　（名）　　yè　　　　　　night
　　　　　　　　　　　　　　　　　　夜
　　　　　　　　　　　　　　　　　　밤

7. 一口气　　（副）　　yìkǒuqì　　　　in one breath, finish doing something without a break
　　　　　　　　　　　　　　　　　　一気に、一息に
　　　　　　　　　　　　　　　　　　한숨에

8. 开夜车　　　　　　　kāi yèchē　　　to work late into the midnight
　　　　　　　　　　　　　　　　　　徹夜をする
　　　　　　　　　　　　　　　　　　밤을 새다

9. 部分　　　（名）　　bùfen　　　　　part
　　　　　　　　　　　　　　　　　　部分
　　　　　　　　　　　　　　　　　　부분

10. 结婚　　　　　　　　jié hūn　　　　to get married
　　　　　　　　　　　　　　　　　　結婚する
　　　　　　　　　　　　　　　　　　결혼

11. 小说　　　（名）　　xiǎoshuō　　　novel
　　　　　　　　　　　　　　　　　　小説
　　　　　　　　　　　　　　　　　　소설

12. 许多　　　（形）　　xǔduō　　　　 a lot
　　　　　　　　　　　　　　　　　　たくさん、ずいぶん
　　　　　　　　　　　　　　　　　　많다

13.	成	（动）	chéng	to become
				〜となる、〜とする
				…이 되다

14.	外国	（名）	wàiguó	foreign country
				外国
				외국

15.	文学	（名）	wénxué	literature
				文学
				문학

16.	将来	（名）	jiānglái	in the future
				将来
				앞으로

17.	原著	（名）	yuánzhù	orignal works
				原著、原作
				원작

18.	篇	（量）	piān	(measure word)
				文章を数える量詞
				편 (본문중, 일기를 세는 단위)

19.	日记	（名）	rìjì	diary
				日記
				일기

20.	一直	（副）	yìzhí	continuously
				ずっと
				계속, 쭉

21.	下去		xià qu	(used after a verb or adjective)
				動作を継続してやっていく
				내려가다

22.	完全	（形）	wánquán	totally
				すべて、完全に
				완전히

23.	文章	（名）	wénzhāng	essay, article
				文章
				문장

24.	那样	（代）	nàyàng	that way, like that
				こんなふう、あんなふう
				그런 모양

◆ 补充词语 Additional words

1.	害怕	（动）	hàipà	scare, be afraid
				怖い
				무섭다

2. 盒	（量）	hé	(measure word) for box
			箱（箱入りのものを数える）
			갑, 상자
3. 语言	（名）	yǔyán	language
			言語
			언어
4. 认为	（动）	rènwéi	to think
			～と思う、～と考える
			여기다, 생각하다
5. 好处	（名）	hǎochù	profit, benefit, advantage
			利点
			좋은점
6. 喜爱	（动）	xǐ'ài	be fond of
			好きである、好む
			좋아하다

第十五课　实在对不起

◆生 词　New words

1. 过来		guò lai	come over
			やってくる
			(상대방 사람 쪽으로)오다
2. 摔	（动）	shuāi	to fall
			転ぶ
			넘어지다
3. 眼睛	（名）	yǎnjing	eye
			目
			눈
4. 礼貌	（形）	lǐmào	polite
			礼儀正しい
			예의 바르다
5. 行人	（名）	xíngrén	pedestrian
			通行人
			행인
6. 吵（架）	（动）	chǎo (jià)	to quarrel
			口げんかする
			다투다
7. 让	（动）	ràng	to give in
			譲る
			양보하다

8. 撞	（动）	zhuàng	bump into, run into ぶつかる 부딪치다
9. 道歉		dào qiàn	apologize 謝る 사과하다
10. 赔	（动）	péi	to compensate 弁償する 배상하다
11. 态度	（名）	tàidu	attitude, manner 態度 태도
12. 围	（动）	wéi	to surround 囲む 둘러싸다
13. 堵	（动）	dǔ	to stop up 詰まる 막히다
14. 警察	（名）	jǐngchá	policeman 警察 경찰
15. 人行横道	（名）	rénxínghéngdào	zebra crossing 横断歩道 횡단 보도
16. 绿	（形）	lǜ	green 緑、青 초록색
17. 灯	（名）	dēng	light 信号 불, 등
18. 来不及	（动）	láibují	no time (to do something) まにあわない 미치지 못하다, 시간이 모자란다
19. 变	（动）	biàn	to change 変わる 변하다
20. 黄	（形）	huáng	yellow 黄 노란색
21. 小心	（形、动）	xiǎoxīn	be careful; to take care 注意する、気をつける、用心する 조심

22. 安全	（形）	ānquán	safe
			安全である
			안전하다
23. 第一	（数）	dì-yī	the first
			第一
			제일
24. 城市	（名）	chéngshì	city, town
			街
			도시
25. 有的	（代）	yǒude	some
			ある（人）、ある（もの）
			어떤
26. 遵守	（动）	zūnshǒu	to observe, abide by, comply with
			遵守する、従い守る
			지키다
27. 交通	（名）	jiāotōng	traffic
			交通
			교통
28. 规则	（名）	guīzé	rule, regulation
			規則
			법규
29. 愉快	（形）	yúkuài	happy
			愉快である、感じがよい
			즐거운
30. 发生	（动）	fāshēng	to happen
			発生する
			발생하다

◆ 补充词语　Additional words

1. 倒(茶)	（动）	dào (chá)	pour (tea)
			お茶を入れる
			차를 따르다
2. 冰箱	（名）	bīngxiāng	refrigerator
			冷蔵庫
			냉장고
3. 解决	（名）	jiějué	to solve, to settle
			解決する
			해결하다
4. 同屋	（名）	tóngwū	roommate
			困難
			곤란

5. 受伤		shòu shāng	be injured, be wounded 怪我をする 다치다
6. 交通工具	（名）	jiāotōng gōngjù	transportation (such as vehicle, ship or aircraft) 乗り物、交通手段 교통 수단
7. 情况	（名）	qíngkuàng	situation, case 状況 상황

第十六课　我该理发了

◆ 生词　New words

1. 理发		lǐ fà	to have a haircut 理髪する 이발하다
2. 理	（动）	lǐ	to cut (hair) 整える 가지런하게 하다, 정돈하다
3. 从来	（副）	cónglái	always, at all times いままで、これまで 여태껏, 지금까지
4. 理发店	（名）	lǐfàdiàn	barbershop, haircut shop 理髪店、美容院 이발소
5. 能干	（形）	nénggàn	capable 能力がある、腕がある 재주 있다
6. 敢	（动）	gǎn	dare, have a confidence to 〜する勇気がある、あえて〜する 과감하다, 용기가 있다
7. 理发师	（名）	lǐfàshī	hair dresser, barber 美容師、理髪師 이발사
8. 这边	（代）	zhèbiān	here, this side こちら 이쪽
9. 要求	（名）	yāoqiú	demand 要求 요구

10. 简单	(形)	jiǎndān	brief, simple	
			簡単である	
			간단하다	
11. 剪	(动)	jiǎn	cut (with scissors), clip	
			（はさみで）切る	
			자르다	
12. 吹风		chuī fēng	to dry (hair etc.) with a blower	
			ドライヤーをかける	
			헤어드라이어로 머리를 말리다	
13. 如果	(连)	rúguǒ	if	
			もしも	
			운전사	
14. 染	(动)	rǎn	to dye	
			染める	
			물드리다	
15. 帅	(形)	shuài	cool, handsome	
			かっこいい、粋である	
			멋지다, 영준하다	
16. 流行	(形)	liúxíng	fashionable, popular, in vogue	
			流行する	
			유행하는	
17. 一样	(形)	yíyàng	same	
			〜のようだ	
			같다	
18. 没意思		méi yìsi	not interesting	
			面白くない、つまらない	
			의미가 없다	
19. 烫	(动)	tàng	to perm	
			パーマをかける	
			파마하다	
20. 直发		zhí fà	straight hair	
			ストレートヘアー	
			퍼진 머리	
21. 自然	(形)	zìrán	natural	
			自然に	
			자연스럽다	
22. 美发厅	(名)	měifà tīng	hair salon	
			美容院	
			미장원	
23. 发型	(名)	fàxíng	hairstyle	
			髪型	
			헤어스타일	

24. 脸	（名）	liǎn	face
			顔
			얼굴
25. 美	（形）	měi	beauty
			美しい
			아름답다
26. 女士	（名）	nǚshì	lady
			女性
			여사
27. 美丽	（形）	měilì	beautiful
			美しい、きれいである
			아름답다
28. 年纪	（名）	niánjì	age
			年齢
			나이
29. 自信	（形）	zìxìn	self-confident
			自信がある
			자신있다

◆ 补充词语　Additional words

1. 盖	（动）	gài	to cover, to build (house)
			建てる
			짓다
2. 外语	（名）	wàiyǔ	foreign language
			外国語
			외국어
3. 适合	（动）	shìhé	to fit, to suit
			ふさわしい、ちょうど合う
			적합하다

第十七课　春天来了

◆ 生　词　New words

1. 宝宝	（名）	bǎobao	baby
			子供に対する愛称
			보배
2. 香蕉	（名）	xiāngjiāo	banana
			バナナ
			바나나

3. 扔	（动）	rēng	to put casually, throw away
			投げる、捨てる
			버리다
4. 地	（名）	dì	ground
			地面
			땅
5. 捡	（动）	jiǎn	to pick up
			拾う
			집다, 줏다
6. 儿子	（名）	érzi	son
			息子
			아들
7. 叔叔	（名）	shūshu	uncle
			おじさん
			아저씨
8. 孩子	（名）	háizi	child
			子供
			어린이
9. 干净	（形）	gānjìng	clean, tidy
			きれいである、清潔である
			깨끗한
10. 脏	（形）	zāng	dirty
			汚れている、汚い
			더러운
11. 绿色	（名）	lǜsè	green
			緑色
			초록(색)
12. 果皮箱	（名）	guǒpíxiāng	dustbin, trash can
			ゴミ箱
			쓰레기통
13. 记得	（动）	jìde	to remember
			覚えている
			기여하다
14. 汽车	（名）	qìchē	car, vehicle
			自転車に乗る
			자동차
15. 蓝天		lán tiān	blue sky
			青い空、青空
			파란 하늘
16. 云	（名）	yún	cloud
			雲
			구름

17. 开心	（动、形）	kāixīn	feel happy; rejoice 楽しい、愉快である 기분이 상쾌하다
18. 发现	（动）	fāxiàn	to discover 気がつく、発見する 발견하다
19. 星星	（名）	xīngxing	star 星 별
20. 空气	（名）	kōngqì	air 空気 공기
21. 污染	（动）	wūrǎn	to pollute 汚染する 오염되다
22. 树	（名）	shù	tree 木 나무
23. 草	（名）	cǎo	grass 草 잔디
24. 开（花）	（动）	kāi (huā)	to bloom, to blossom （花が）咲く (꽃이) 피다
25. 刮风		guā fēng	(of the wind) blow 吹く 바람이 불다
26. 黑夜	（名）	hēiyè	dark night 夜、夜中 밤
27. 心情	（名）	xīnqíng	feeling, mood 気持ち、気分 심정
28. 谈	（动）	tán	to talk 話す 이야기하다
29. 小朋友	（名）	xiǎo péngyou	child 児童に対する呼びかけに用いる 어린이

30. 首	（量）	shǒu	(measure word) for poems and songs
			首・曲（詩や歌を数える）
			수

◆ 专名 Proper nouns

黄鹂		Huánglí	a bird name
			コウライウグイス（鳥の種類）
			황려(인명)

◆ 补充词语 Additional words

1. 句子	（名）	jùzi	sentence
			分、センテンス
			문장
2. 流利	（形）	liúlì	(speak) fluently
			流暢である
			유창하다
3. 发音	（名）	fāyīn	pronunciation
			発音
			발음
4. 标准	（形）	biāozhǔn	standard
			標準的である
			표준
5. 气温	（名）	qìwēn	temperature, atmosphere
			気温
			기온
6. 凉快	（形）	liángkuai	nice and cool
			涼しい
			시원하다
7. 认	（动）	rèn	to know, to recognize
			見分ける
			알다
8. 皮肤	（名）	pífū	skin
			肌、皮膚
			피부
9. 公园	（名）	gōngyuán	park
			公園
			공원
10. 关于	（介）	guānyú	on, about
			～について、～関する
			…에 대한

第十八课　他长什么样儿？

◆ 生词　New words

1. 长　　　（动）　　zhǎng　　to look like
   成長する　育つ
   생기다

2. 猜　　　（动）　　cāi　　to guess
   （謎を）当てようとする、当てる
   추측하다

3. 男生　　（名）　　nánshēng　　boy, male students
   男子学生
   남자

4. 拉　　　（动）　　lā　　to pull
   （手を）つなぐ
   （손을）잡다

5. 副　　　（量）　　fù　　(measure word)
   セットになっているものを数える量詞
   안경을 세는 단위

6. 太阳镜　（名）　　tàiyángjìng　　sun glasses
   めがね
   안경

7. 秘密　　（名）　　mìmì　　secret
   秘密
   비밀

8. 实话　　（名）　　shíhuà　　truth
   実話、本当の話
   솔직한 말

9. 弟弟　　（名）　　dìdi　　younger brother
   弟
   남자 동생

10. （笑）死　（动）　（xiào) sǐ　　extremely, to death
    ～して死ぬ、程度が甚だしい（おかしくてたまらない）
    （웃으워）죽다

11. 好心　　（名）　　hǎoxīn　　kind heart
    親切
    마음이 좋다

12. 司机　　（名）　　sījī　　driver
    運転手
    운전사

13.	女儿	(名)	nǚ'ér	daughter 娘 딸
14.	哭	(动)	kū	to weep, cry なく 울다
15.	生	(动)	shēng	to give birth to 産む 태어나다
16.	来得及	(动)	láidejí	it still has time まだ～する時間がある、間に合う 시간이 넉넉하다
17.	车号	(名)	chēhào	license number (自動車の)ナンバー 차번호
18.	出租汽车	(名)	chūzū qìchē	taxi タクシー 택시
19.	圆	(形)	yuán	round 丸い 동그란
20.	腰	(名)	yāo	waist 腰 허리
21.	鼻子	(名)	bízi	nose 話す 코
22.	嘴	(名)	zuǐ	mouth 口 입
23.	口音	(名)	kǒuyīn	accent 訛り 억양
24.	米	(量)	mǐ	metre メートル 미터
25.	矮	(形)	ǎi	short (背が)低い 작다
26.	胖	(形)	pàng	fat 太っている 뚱뚱하다

27. 白色	（名）	báisè	white
			白色
			흰색
28. 上衣	（名）	shàngyī	jacket; upper garment
			上着
			윗 옷

◆ **补充词语**　Additional words

抽烟		chōu yān	smoking
			タバコをすう、喫煙する
			담배를 피다

第十九课　这只是个小手术

◆ **生　词**　New words

1. 只是	（副）	zhǐshì	just, merely
			ただ～だけだ、～にすぎない
			단지
2. 手术	（名）	shǒushù	operation
			手術
			수술
3. 肚子	（名）	dùzi	stomach
			おなか
			배
4. 隔	（动）	gé	after or at an interval of
			（時間、距離を）あける、置く
			간격을 두다
5. 吐	（动）	tù	to vomit, to throw up
			吐く
			토하다
6. 拉肚子		lā dùzi	diarrhoea, have loose bowels
			おなかをこわす
			설사하다
7. 上（厕所）	（动）	shàng (cèsuǒ)	go (to toilet)
			（トイレに）行く
			（화장실）에 가다
8. 检查	（动）	jiǎnchá	to examine, to check
			検査する
			진찰

9. 解开		jiěkāi		to untie
				はずす、とく、ほどく
				열다, 벗기다
10. 压	(动)	yā		to press
				押す
				누르다
11. 阑尾炎	(名)	lánwěiyán		appendicitis
				盲腸炎
				맹장염
12. 化验单	(名)	huàyàndān		laboratory test report
				化学検査書
				화학 분석표
13. 验	(动)	yàn		to have a test
				調べる
				조사하다
14. 血	(名)	xiě		blood
				血液、血
				피
15. (天)亮	(动)	(tiān) liàng		dawn, daybreak
				夜が明ける、夜明け
				(날이) 밝다
16. 止疼药	(名)	zhǐténgyào		medicine to relieve pain, pain-killer
				痛み止めの薬
				진통제
17. 派	(动)	pài		to send
				差し向ける、派遣する
				보내다
18. 救护车	(名)	jiùhùchē		ambulance
				救急車
				구급차
19. 地址	(名)	dìzhǐ		address
				住所
				녹음기
20. 漫画书	(名)	mànhuàshū		comic book
				検査する
				검사하다. 실험하다.
21. 顺利	(形)	shùnlì		successful, smoothly
				順調である
				순조롭다
22. 出院		chū yuàn		to be discharged from hospital after recovery
				退院する
				퇴원하다

23. 忽然	（副）	hūrán	suddenly
			突然、急に
			갑자기
24. 得（病）	（动）	dé	to get, to have
			かかる、なる
			(병)에 걸리다
25. 跑	（动）	pǎo	to run
			走る
			뛰다
26. 睡	（动）	shuì	to sleep
			眠る
			잠자다
27. 夜猫子	（名）	yèmāozi	night owl, a person who goes to bed very late
			よく夜更かしをする人
			밤 고양이
28. 词	（名）	cí	word
			語句、言葉
			단어
29. 本来	（副）	běnlái	originally
			本来
			원래, 본래
30. 精神	（名）	jīngshén	spirit, vigour
			正常である
			정신
31. 健康	（形）	jiànkāng	healthy
			健康である・健康
			건강하다

◆ **专 名** Proper nouns

中华北路		Zhōnghuá Běilù	Zhonghua North Road
			中華北路（通りの名前）
			중화북로

◆ **补充词语** Additional words

1. 页	（量）	yè	page
			ページ
			페이지
2. 总是	（副）	zǒngshì	anyhow, always
			いつも
			언제나

3. 关机		guān jī	to turn off (a phone)
			電源を切る
			끄다
4. 失眠		shī mián	to lose sleep
			不眠になる
			잠을 이루지 못하다. 불면증에 걸리다.
5. 半夜	（名）	bànyè	in midnight
			夜中
			밤중
6. 急病	（名）	jíbìng	acute disease
			急病
			급병
7. 病人	（名）	bìngrén	patient, sick person
			病人
			병자

第二十课　我希望……

◆ 生词　New words

1. 主持人	（名）	zhǔchírén	host
			司会者
			사회자
2. 下面	（名）	xiàmian	following
			次に、次の
			다음
3. 轻松	（形）	qīngsōng	relaxed
			気楽である、リラックスする
			가볍다, 가뿐하다
4. 观众	（名）	guānzhòng	audience
			観衆、見物人
			관중
5. 本科生	（名）	běnkēshēng	undergraduate
			本科生
			본과생
6. 博士	（名）	bóshì	doctor
			博士
			박사
7. 性格	（名）	xìnggé	nature, disposition
			性格
			성격

8. 永远	（副）	yǒngyuǎn	forever 永遠に、永久に 영원히	
9. 球赛	（名）	qiúsài	game of (basketball or football etc.) 球技の試合 구기 경기	
10. 酒鬼	（名）	jiǔguǐ	wine bibber, toper のんべえ 술꾼	
11. 半价	（名）	bànjià	half price 半額 절반 값	
12. 海	（名）	hǎi	sea 海 바다	
13. 整天	（名）	zhěngtiān	all day 一日中 하루종일	
14. 叫	（动）	jiào	to ask 呼ぶ、 부르다	
15. 吃醋		chī cù	to be jealous やきもちを焼く 질투하다, 시기하다	
16. 中	（名）	zhōng	among 中 ~중에. ~안에서. ~사이에서	
17. 说法	（名）	shuōfa	way of saying things 意見、見解 의견	
18. 重要	（形）	zhòngyào	important 重要である 중요하다	
19. 内容	（名）	nèiróng	content 内容 내용	
20. 学历	（名）	xuélì	record of education 学歴 학력	
21. 工资	（名）	gōngzī	salary, wage 給料 월급	

22. 国家	（名）	guójiā	country 国 국가
23. 优秀	（形）	yōuxiù	outstanding 優秀である 우수하다
24. 父母	（名）	fùmǔ	parents 両親、父母 부모
25. 生活	（名）	shēnghuó	life 生活 생활하다
26. 事业	（名）	shìyè	career 事業 사업
27. 家庭	（名）	jiātíng	family 家庭 가정
28. 基本	（名、形）	jīběn	foundation; essential 基本、基礎 기본이다
29. 同意	（动）	tóngyì	to agree 承知する 동의
30. 看法	（名）	kànfǎ	point of view, opinion 見方、見解 견해

◆ 补充词语　Additional words

1. 坏处	（名）	huàichu	harm, disadvantage 害、悪い点 나쁜 점
2. 愿意	（助动）	yuànyì	to be willing to do 〜したいと思う …하기를 바라다

词语总表

词语 Words	词性 Part of speech	拼音 Pinyin	所在课 Lesson
A			
哎呀	（叹）	āiyā	8
矮	（形）	ǎi	18
爱	（动）	ài	6
安全	（形）	ānquán	15
B			
把	（介）	bǎ	3
白	（形）	bái	12
白色	（名）	báisè	18
白天	（名）	báitiān	7
搬	（动）	bān	10
办	（动）	bàn	1
办公室	（名）	bàngōngshì	1
半价	（名）	bànjià	20
帮助	（动）	bāngzhù	4
棒	（形）	bàng	10
包	（动）	bāo	8
包	（名）	bāo	12
宝宝	（名）	bǎobao	17
报	（名）	bào	11
抱歉	（形）	bàoqiàn	5
杯	（量）	bēi	2
杯子	（名）	bēizi	8
北	（名）	běi	3
北方	（名）	běifāng	6
背景	（名）	bèijǐng	3
被	（介）	bèi	5
本	（量）	běn	14
本（店）	（代）	běn	13

55

本科生	（名）	běnkēshēng	20
本来	（副）	běnlái	19
鼻子	（名）	bízi	18
比如	（动）	bǐrú	4
边	（名）	biān	8
变	（动）	biàn	15
遍	（量）	biàn	5
冰	（名）	bīng	7
播	（动）	bō	7
博士	（名）	bóshì	20
不敢当	（动）	bùgǎndāng	6
不过	（连）	búguò	7
不如	（动）	bùrú	6
不一定		bù yídìng	5
布置	（动）	bùzhì	10
部	（量）	bù	11
部分	（名）	bùfen	14

C

猜	（动）	cāi	18
草	（名）	cǎo	17
查(字典)	（动）	chá (zìdiǎn)	7
差不多	（副）	chàbuduō	7
长	（形）	cháng	1
常	（副）	cháng	9
场	（量）	chǎng	11
朝	（介）	cháo	3
吵	（形）	chǎo	11
吵(架)	（动）	chǎo (jià)	15
车	（名）	chē	5
车带	（名）	chēdài	9
车号	（名）	chēhào	18
成	（动）	chéng	14
城市	（名）	chéngshì	15
橙汁	（名）	chéngzhī	2
充电		chōng diàn	3

吃醋		chī cù	20
出(毛病)	(动)	chū (máobìng)	9
出(主意)	(动)	chū (zhúyi)	3
出错		chū cuò	4
(女朋友)吹	(动)	(nǚ péngyǒu) chuī	5
出发	(动)	chūfā	7
出院		chū yuàn	19
出租汽车	(名)	chūzū qìchē	18
传统	(形、名)	chuántǒng	2
船	(名)	chuán	14
床	(名)	chuáng	10
吹风		chuī fēng	16
吹牛		chuī niú	7
春	(名)	chūn	9
词	(名)	cí	19
次	(量)	cì	1
从来	(副)	cónglái	16
聪明	(形)	cōngming	4

D

打(碎)	(动)	dǎ (suì)	8
打的		dǎ dī	3
打开		dǎ kāi	7
打气		dǎ qì	9
打扰	(动)	dǎrǎo	6
大部分		dà bùfen	11
大葱	(名)	dàcōng	6
大家	(代)	dàjiā	5
戴	(动)	dài	12
但是	(连)	dànshì	4
蛋糕	(名)	dàngāo	13
挡	(动)	dǎng	12
导演	(名)	dǎoyǎn	11
倒霉	(形)	dǎo méi	5
道	(量)	dào	4

57

道理	（名）	dàoli	12
道歉		dào qiàn	15
得(病)	（动）	dé	19
灯	（名）	dēng	15
等	（助）	děng	11
等不及	（动）	děngbují	9
低	（形）	dī	10
地	（名）	dì	17
地址	（名）	dìzhǐ	19
弟弟	（名）	dìdi	18
第一	（数）	dì-yī	15
电	（名）	diàn	3
电影院	（名）	diànyǐngyuàn	11
掉	（动）	diào	12
顶	（量）	dǐng	12
丢	（动）	diū	5
东	（名）	dōng	6
东边	（名）	dōngbian	6
东西	（名）	dōngxi	4
冻	（动）	dòng	8
堵	（动）	dǔ	15
肚子	（名）	dùzi	19
锻炼	（动）	duànliàn	6
对	（介）	duì	11

E

儿子	（名）	érzi	17
而且	（连）	érqiě	2
耳朵	（名）	ěrduo	11

F

发生	（动）	fāshēng	15
发现	（动）	fāxiàn	17
发型	（名）	fàxíng	16
法律	（名）	fǎlǜ	1

翻译	(动)	fānyì	11
方便	(形)	fāngbiàn	5
方向	(名)	fāngxiàng	3
房子	(名)	fángzi	10
放	(动)	fàng	5
放(电影)	(动)	fàng (diànyǐng)	11
肥	(形)	féi	13
风景	(名)	fēngjǐng	3
服务	(动)	fúwù	13
服装	(名)	fúzhuāng	11
幅	(量)	fú	10
父母	(名)	fùmǔ	20
付(钱)	(动)	fù (qián)	2
副	(量)	fù	18

G

干净	(形)	gānjìng	17
敢	(动)	gǎn	16
感谢	(动)	gǎnxiè	13
感兴趣		gǎn xìngqu	11
隔	(动)	gé	19
工资	(名)	gōngzī	20
公共汽车	(名)	gōnggòng qìchē	3
公司	(名)	gōngsī	10
顾	(动)	gù	5
顾客	(名)	gùkè	13
刮风		guā fēng	17
挂	(动)	guà	10
关系	(名)	guānxi	5
观众	(名)	guānzhòng	20
光	(副)	guāng	5
光临	(动)	guānglín	13
广播	(动、名)	guǎngbō	13
广告	(名)	guǎnggào	7
规则	(名)	guīzé	15
贵姓	(名)	guìxìng	1

59

国际	（形）	guójì	1
国际法	（名）	guójìfǎ	1
国家	（名）	guójiā	20
果皮箱	（名）	guǒpíxiāng	17
过来		guò lai	15
过去	（名）	guòqù	12

H

孩子	（名）	háizi	17
海	（名）	hǎi	20
汉语	（名）	Hànyǔ	1
好几	（数）	hǎojǐ	9
好喝	（形）	hǎohē	2
好久	（形）	hǎojiǔ	4
好像	（副）	hǎoxiàng	4
好心	（名）	hǎoxīn	18
合	（动）	hé	8
合理	（形）	hélǐ	13
黑夜	（名）	hēiyè	17
后天	（名）	hòutiān	5
忽然	（副）	hūrán	19
花	（名）	huā	13
滑	（动）	huá	7
化验单	（名）	huàyàndān	19
划（船）	（动）	huá (chuán)	14
画儿	（名）	huàr	10
画家	（名）	huàjiā	10
话	（名）	huà	4
坏	（形）	huài	9
还	（动）	huán	14
换	（动）	huàn	12
黄	（形）	huáng	15
或者	（连）	huòzhě	13
货	（名）	huò	12

J

机会	（名）	jīhuì	2
基本	（名、形）	jīběn	20
急	（形）	jí	4
记	（动）	jì	9
记不清		jì bu qīng	11
记得	（动）	jìde	17
记住		jìzhù	4
季	（名）	jì	12
加油		jiā yóu	4
家庭	（名）	jiātíng	20
价钱	（名）	jiàqian	12
捡	（动）	jiǎn	17
检查	（动）	jiǎnchá	19
剪	（动）	jiǎn	16
简单	（形）	jiǎndān	16
见	（动）	jiàn	1
健康	（形）	jiànkāng	19
将来	（名）	jiānglái	14
讲	（动）	jiǎng	4
讲价		jiǎng jià	2
降	（动）	jiàng	12
降价		jiàng jià	12
交(钱)	（动）	jiāo (qián)	2
交通	（名）	jiāotōng	15
叫	（动）	jiào	20
教	（动）	jiāo	8
接(电话)	（动）	jiē	8
结婚		jié hūn	14
姐姐	（名）	jiějie	13
解开		jiěkāi	19
介绍	（动）	jièshào	1
紧	（形）	jǐn	8
进步	（动）	jìnbù	4
进去		jìn qu	8
近	（形）	jìn	10

京剧	（名）	jīngjù	11
经常	（形）	jīngcháng	4
经验	（名）	jīngyàn	9
精神	（名）	jīngshén	19
警察	（名）	jǐngchá	15
酒鬼	（名）	jiǔguǐ	20
旧	（形）	jiù	5
救护车	（名）	jiùhùchē	19
橘子	（名）	júzi	2
句	（量）	jù	4

K

（水）开（了）	（动）	(shuǐ) kāi (le)	8
咖啡色	（名）	kāfēisè	2
开（花）	（动）	kāi (huā)	17
开（药）	（动）	kāi (yào)	9
开玩笑		kāi wánxiào	2
开心	（动、形）	kāixīn	17
开夜车		kāi yèchē	14
看法	（名）	kànfǎ	20
看见		kàn jian	3
拷	（动）	kǎo	3
可	（副）	kě	8
可	（副）	kě	2
可能	（助动）	kěnéng	5
肯定	（形）	kěndìng	5
空儿	（名）	kòngr	6
空气	（名）	kōngqì	17
口音	（名）	kǒuyīn	18
哭	（动）	kū	18
裤子	（名）	kùzi	12
困难	（形）	kùnnan	9

L

(去不)了	(动)	(qù bu)liǎo	5
(天)亮	(动)	(tiān) liàng	19
拉	(动)	lā	18
拉肚子		lā dùzi	19
辣椒	(名)	làjiāo	6
来(两斤)	(动)	lái (liǎng jīn)	2
来不及	(动)	láibují	15
来得及	(动)	láidejí	18
阑尾炎	(名)	lánwěiyán	19
蓝天		lán tiān	17
懒	(形)	lǎn	6
礼貌	(形)	lǐmào	15
理	(动)	lǐ	16
理发		lǐ fà	16
理发店	(名)	lǐfà diàn	16
理发师	(名)	lǐfàshī	16
理想	(形)	lǐxiǎng	13
力气	(名)	lìqi	10
厉害	(形)	lìhai	2
联系	(动)	liánxì	13
脸	(名)	liǎn	16
脸色	(名)	liǎnsè	9
亮	(形)	liàng	10
了解	(动)	liǎojiě	13
流行	(形)	liúxíng	16
聋	(形)	lóng	11
录音		lù yīn	4
路口	(名)	lùkǒu	3
绿	(形)	lǜ	15
绿色	(名)	lǜsè	17
乱	(形)	luàn	10

M

马大哈	(名)	mǎdàhā	3
马上	(副)	mǎshàng	7

满意	（形）	mǎnyì	3
漫画书	（名）	mànhuàshū	19
毛病	（名）	máobing	9
毛衣	（名）	máoyī	13
帽子	（名）	màozi	12
没错(儿)		méi cuò(r)	9
没什么		méi shénme	5
没事儿		méi shìr	6
没意思		méi yìsi	16
没用		méi yòng	9
美	（形）	měi	16
美发厅	（名）	měifà tīng	16
美丽	（形）	měilì	16
迷	（名）	mí	11
米	（量）	mǐ	18
秘密	（名）	mìmì	18
面	（量）	miàn	10
母亲	（名）	mǔqīn	13

N

拿	（动）	ná	2
哪	（助）	na	10
哪里	（代）	nǎlǐ	1
那么	（代）	nàme	6
那样	（代）	nàyàng	14
男生	（名）	nánshēng	18
南	（名）	nán	6
南方	（名）	nánfāng	6
难受	（形）	nánshòu	9
内容	（名）	nèiróng	20
能干	（形）	nénggàn	16
能够	（助动）	nénggòu	7
年	（名）	nián	1
年级	（名）	niánjí	1
年纪	（名）	niánjì	16

年轻	（形）	niánqīng	13
捏	（动）	niē	8
努力	（形）	nǔlì	4
女	（形）	nǚ	1
女儿	（名）	nǚ'ér	18
女生	（名）	nǚshēng	12
女士	（名）	nǚshì	16

P

怕	（动）	pà	4
派	（动）	pài	19
胖	（形）	pàng	18
跑	（动）	pǎo	19
跑步		pǎo bù	6
赔	（动）	péi	15
皮	（名）	pí	8
篇	（量）	piān	14
漂	（动）	piāo	8
品种	（名）	pǐnzhǒng	13
苹果	（名）	píngguǒ	2
破	（形）	pò	8

Q

妻子	（名）	qīzi	11
气	（名）	qì	9
汽车	（名）	qìchē	17
起	（动）	qǐ	6
起来		qǐ lai	6
墙	（名）	qiáng	10
亲戚	（名）	qīnqi	10
轻松	（形）	qīngsōng	20
晴	（形）	qíng	7
请教	（动）	qǐngjiào	6
请客		qǐng kè	6

65

秋	（名）	qiū	9
球	（名）	qiú	6
球赛	（名）	qiúsài	20
取	（动）	qǔ	1

R

然后	（连）	ránhòu	7
染	（动）	rǎn	16
让	（动）	ràng	15
热闹	（形）	rènao	5
热情	（形）	rèqíng	13
人行横道	（名）	rénxínghéngdào	15
认识	（动）	rènshi	1
认真	（形）	rènzhēn	4
扔	（动）	rēng	17
日记	（名）	rìjì	14
容易	（形）	róngyì	7
如果	（连）	rúguǒ	16

S

（笑）死	（动）	(xiào) sǐ	18
嗓子	（名）	sǎngzi	9
窗户	（名）	chuānghù	9
上（厕所）	（动）	shàng (cèsuǒ)	19
上来		shàng lai	8
上衣	（名）	shàngyī	18
深	（形）	shēn	2
生	（动）	shēng	18
生活	（名）	shēnghuó	20
生气		shēng qì	9
声	（量）	shēng	10
省	（动）	shěng	10
湿	（形）	shī	8
实话	（名）	shíhuà	18

式样	（名）	shìyàng	12
事业	（名）	shìyè	20
试衣间	（名）	shì yī jiān	12
是……的		shì...de	1
收	（动）	shōu	2
收银台	（名）	shōuyíntái	2
手	（名）	shǒu	5
手术	（名）	shǒushù	19
首	（量）	shǒu	17
受（不了）		shòu (bu liǎo)	11
受（欢迎）	（动）	shòu (huānyíng)	12
书店	（名）	shūdiàn	14
书架	（名）	shūjià	10
叔叔	（名）	shūshu	17
熟	（形）	shú(shóu)	8
束	（量）	shù	13
树	（名）	shù	17
摔	（动）	shuāi	15
帅	（形）	shuài	16
睡	（动）	shuì	19
顺利	（形）	shùnlì	19
说法	（名）	shuōfa	20
司机	（名）	sījī	18
俗话	（名）	súhuà	12
速	（形）	sù	8
虽然	（连）	suīrán	10
碎	（形）	suì	8
锁	（动、名）	suǒ	5

T

它	（代）	tā	10
太阳镜	（名）	tàiyángjìng	18
态度	（名）	tàidu	15
谈	（动）	tán	17
躺	（动）	tǎng	10

67

烫	（动）	tàng	16
特别	（副）	tèbié	7
提	（动）	tí	5
题	（名）	tí	4
替	（动）	tì	10
挑	（动）	tiāo	3
条	（量）	tiáo	12
同样	（形）	tóngyàng	4
同意	（动）	tóngyì	20
偷	（动）	tōu	5
头发	（名）	tóufa	12
吐	（动）	tù	19

W

外国	（名）	wàiguó	14
完全	（形）	wánquán	14
围	（动）	wéi	15
文学	（名）	wénxué	14
文章	（名）	wénzhāng	14
污染	（动）	wūrǎn	17
午饭	（名）	wǔfàn	6
午后	（名）	wǔhòu	7
午睡	（动）	wǔshuì	6
捂	（动）	wǔ	9

X

西	（名）	xī	6
西北	（名）	xīběi	3
西边	（名）	xībian	3
洗(照片)	（动）	xǐ (zhàopiàn)	2
系	（名）	xì	1
下面	（名）	xiàmian	20
下去		xià qu	14
咸	（形）	xián	6

显得	（动）	xiǎnde	13
馅儿	（名）	xiànr	8
相信	（动）	xiāngxìn	11
香蕉	（名）	xiāngjiāo	17
想象	（动）	xiǎngxiàng	11
消息	（名）	xiāoxi	13
小朋友	（名）	xiǎo péngyou	17
小票	（名）	xiǎopiào	2
小说	（名）	xiǎoshuō	14
小心	（形、动）	xiǎoxīn	15
些	（量）	xiē	12
心情	（名）	xīnqíng	17
新	（形）	xīn	1
信	（动）	xìn	8
星星	（名）	xīngxing	17
行人	（名）	xíngrén	15
性格	（名）	xìnggé	20
修	（动）	xiū	9
修车部	（名）	xiūchēbù	9
需要	（动）	xūyào	13
许多	（形）	xǔduō	14
学历	（名）	xuélì	20
学生证	（名）	xuéshēngzhèng	1
雪	（名）	xuě	7
雪景	（名）	xuějǐng	7
血	（名）	xiě	19

Y

压	（动）	yā	19
呀	（助）	ya	6
眼睛	（名）	yǎnjing	15
表演	（动）	biǎoyǎn	11
演员	（名）	yǎnyuán	11
验	（动）	yàn	19
腰	（名）	yāo	18

69

药	（名）	yào	9
要命		yào mìng	11
要求	（名）	yāoqiú	16
夜	（名）	yè	14
夜猫子	（名）	yèmāozi	19
一口气	（副）	yìkǒuqì	14
一样	（形）	yíyàng	16
一直	（副）	yìzhí	14
阴	（形）	yīn	7
饮料	（名）	yǐnliào	2
应该	（助动）	yīnggāi	10
影片	（名）	yǐngpiàn	11
永远	（副）	yǒngyuǎn	20
用	（动）	yòng	2
用功	（形）	yòng gōng	4
U盘	（名）	yōupán	2
优秀	（形）	yōuxiù	20
有的	（代）	yǒude	15
有名	（形）	yǒumíng	6
又	（副）	yòu	1
右	（名）	yòu	10
愉快	（形）	yúkuài	15
原来	（形）	yuánlái	6
原著	（名）	yuánzhù	14
圆	（形）	yuán	18
钥匙	（名）	yàoshi	5
越……越……		yuè...yuè...	4
越来越……		yuè lái yuè...	7
云	（名）	yún	17

Z

脏	（形）	zāng	17
糟糕	（形）	zāogāo	3
长	（动）	zhǎng	18
丈夫	（名）	zhàngfu	11
照（镜子）	（动）	zhào (jìngzi)	12

照相		zhào xiàng	3
折	（名）	zhé	12
这边	（代）	zhèbiān	16
整天	（名）	zhěngtiān	20
正好	（副）	zhènghǎo	11
直发		zhí fà	16
值得	（动）	zhíde	11
止疼药	（名）	zhǐténgyào	19
只是	（副）	zhǐshì	19
质量	（名）	zhìliàng	12
中	（名）	zhōng	20
中间	（名）	zhōngjiān	8
中午	（名）	zhōngwǔ	6
重复	（动）	chóngfù	9
重要	（形）	zhòngyào	20
周到	（形）	zhōudào	13
主持人	（名）	zhǔchírén	20
主意	（名）	zhǔyi	3
煮	（动）	zhǔ	8
注意	（动）	zhùyì	7
祝贺	（动）	zhùhè	10
专业	（名）	zhuānyè	1
撞	（动）	zhuàng	15
准	（形）	zhǔn	7
着急	（形）	zháojí	4
着凉		zháo liáng	9
自己	（代）	zìjǐ	8
自然	（形）	zìrán	16
自信	（形）	zìxìn	16
字典	（名）	zìdiǎn	7
嘴	（名）	zuǐ	18
最近	（名）	zuìjìn	4
遵守	（动）	zūnshǒu	15
左	（名）	zuǒ	3

语言点索引

语言点	所在课	页码
您贵姓	1	1
我的学生证办好了没有	1	1
"再"和"又"	1	4
女朋友	1	2
没说什么	1	2
小票	2	10
我在跟你开玩笑呢	2	12
可好喝了	2	13
打的	3	20
咱们把车放在这儿吧。/你把U盘里的照片拷给我。	3	21
听你的	3	21
马大哈	3	21
你急什么	4	28
越着急越听不懂	4	28
表示列举或举例子的句式	4	31
加油	4	31
好是好,可是我去不了	5	37
我去不了/回不了家了	5	40
别提了/别提她了	5	40
肯定是被人偷了	5	37
旧的不去,新的不来	5	37
光顾和一个朋友聊天儿,忘了把车骑回来了。	5	38
没事儿	6	47
不敢当	6	47
随便聊聊吧	6	47
起得来/起不来	6	51
睡懒觉	6	48
要辣的,不如来个麻婆豆腐	6	48
那要看哪天考完了	7	55
等放暑假的时候我再旅行	7	59

我觉得天气预报一点儿都（也）不准	7	59
吹牛	7	57
担心的是……/高兴的是……	7	59
速冻饺子没有自己做的好吃	8	64
我可不会	8	64
你们先聊着……	8	65
怎么可能呢	8	66
"才"和"就"	9	76
没错儿	9	77
春捂秋冻	9	75
搬家怎么不告诉我一声	10	82
还乱着呢	10	82
虽然没大多少，可是亮多了	10	83
等等	11	89
怎么说呢，比想象的差多了	11	90
吵得要命	11	90
我说你会受不了吧	11	90
所以我对京剧也开始感兴趣了	11	91
头发越来越少	12	98
便宜没好货，好货不便宜	12	99
换季降价	12	100
一分钱一分货	12	100
便宜点儿卖掉	12	101
买束花，或者买个生日蛋糕，都挺好的。	13	108
欢迎您光临。	13	109
本店	13	109
才几天就卖完了	13	110
图书馆新书太少，而且常常借不着。	14	115
一口气就看完了。	14	116
你又开夜车了。	14	117
真希望将来有一天，我能看懂中文原著。	14	117
我打算一直写下去	14	118
没长眼睛吗？	15	124
好的	15	124

来不及了	15	124
有的人	15	125
我从来不去理发店	16	131
这有什么/有什么不敢的?	16	134
好了,您照镜子看看,满意吗?	16	134
烫什么,还是直发自然。	16	133
宝宝	17	142
多开心啊	17	143
了(小结)	17	143
高高的/瘦瘦的	18	153
瘦高瘦高的/矮胖矮胖的	18	153
没事儿了	18	154
大概三十来岁	18	154
120	19	159
能多睡会儿就多睡会儿	19	161
夜猫子	19	161
让他放心好了	19	161
要是我们没有考试该多好。	20	167
不是说好一起去的吗?	20	168
吃醋了吧	20	168

量词表

量词 Measure words	拼音 Pinyin	对应的名词或动词 Nouns/Verbs
1. 把	bǎ	锁、钥匙、香蕉
2. 杯	bēi	橙汁、饮料
3. 本	běn	字典
4. 遍	biàn	问、看、说
5. 部	bù	原著、字典、影片、小说、电影
6. 场	chǎng	电影、京剧、球赛、雪、演出
7. 串	chuàn	辣椒、钥匙
8. 次	cì	广播、手术
9. 袋	dài	速冻饺子
10. 道	dào	题、风景
11. 滴	dī	血
12. 点	diǎn	经验、空儿、口音、内容、事情
13. 顶	dǐng	帽子
14. 段	duàn	话、京剧、路、生活、文章
15. 对	duì	耳朵、眼睛
16. 顿	dùn	午饭
17. 朵	duǒ	云、花
18. 份	fèn	报、工资、心情
19. 幅	fú	画
20. 副	fù	眼镜、药
21. 个	gè	白天、办公室、包、宝宝、杯子、背景、本科生、鼻子、边、博士、部分、车号、城市、传统、词、蛋糕、导演、道理、地址、弟弟、电影、东西、肚子、对象、儿子、发型、法律、方面、方向、服务台、工程师、公司、姑娘、顾客、关系、观众、广告、规则、国家、果皮箱、孩子、黑夜、画家、机会、家庭、价钱、饺子、节目、结果、姐姐、经验、警察、酒鬼、居民、橘子、看法、空儿、辣椒、冷饮店、理发店、理发师、脸色、铃、路口、马大哈、毛病、美发厅、秘密、母亲、内容、男生、年级、女儿、女生、女士、品种、苹果、妻子、亲戚、球、声音、事情、试衣间、收银

			台、手术、书店、书架、叔叔、说法、司机、条件、系、消息、小孩儿、小伙子、小朋友、校园、行人、修车部、学历、学生证、雪景、演员、样（儿）、要求、夜猫子、影片、影子、丈夫、整天、中午、周六、周日、主持人、主意、专业
22.	根	gēn	大葱、头发、香蕉
23.	间	jiān	办公室、房子、试衣间、屋子
24.	件	jiàn	东西、衬衫、毛衣、上衣、事情、服装
25.	斤	jīn	大葱、饺子、苹果、香蕉
26.	句	jù	话、实话、俗话
27.	棵	kē	草、树
28.	颗	kē	星星
29.	口	kǒu	橙汁、气、饮料
30.	块	kuài	冰、蛋糕
31.	辆	liàng	车、汽车、出租汽车、公共汽车、救护车
32.	米	mǐ	路
33.	面	miàn	墙、镜子
34.	批	pī	货
35.	篇	piān	日记、文章、小说
36.	片	piàn	草地、海、蓝天、药、云、止疼药
37.	瓶	píng	橙汁、药、饮料、止疼药
38.	扇	shàn	窗户
39.	声	shēng	叫
40.	首	shǒu	歌
41.	束	shù	花
42.	双	shuāng	布鞋、脚、手、眼睛
43.	套	tào	房子、服装
44.	条	tiáo	船、裤子、路、车带
45.	位	wèi	本科生、博士、导演、工程师、姑娘、顾客观众、画家 警察、居民、理发师、母亲、男生、女生、女士、司机、小伙子、演员、主持人
46.	项	xiàng	事业
47.	些	xiē	草、服装、花、话、经验、内容、事情、饮料
48.	盏	zhǎn	灯

49. 张	zhāng	报、床、化验单、脸、小票、嘴
50. 只	zhī	手、眼睛、脚、耳朵、鼻子、橘子、夜猫子、香蕉、船
51. 种	zhǒng	感觉、关系、货、看法、口音、毛病、生活、声音、式样、说法、态度、外文、文学、文艺、馅儿、心情、性格、药、饮料、娱乐、专业、字典
52. 座	zuò	城、城市

课文英文翻译

Lesson one   May I Have Your Name?

(一)

(In the office)

Annie:	Excuse me. Is this Foreign Students Office?
Ms. Liu:	Yes. Please come in! May I help you?
Annie:	Yes, I'd like to know if my student identity card is done.
Ms. Liu:	What is your name?
Annie:	My name is Annie.
Ms. Liu:	So you're Annie! Your student identity card hasn't been ready yet, but you can get it tomorrow.
Annie:	Ok, thanks. Oh, may I have your surname?
Ms. Liu:	My surname is Liu.
Anne:	Thank you, Ms. Liu. See you tomorrow then.

(二)

(On campus)

Wang Ping:	Hi, Jeff and Annie, let me introduce you to Fang Xueqing.
Jeff:	Hello, Fang Xueqing. My name is Jeff.
Annie:	My name is Annie. It's nice to meet you.
Fang Xueqing:	Hello. I'm glad to meet you too. Are you new students?
Annie:	Yes. May I ask which department you are in?
Fang xueqing:	I'm a freshman in the law school. My major is International Law.
Jeff:	*(Whispering to Wang Ping)* Is she your girlfriend?
Wang Ping:	*(Whispering to Jeff)* No. Just a girl friend.
Fang Xueqing:	What are you two talking about?
Wang Ping and Jeff:	Nothing.

(三)

(On the way)

Fang Xueqing:	Annie, is this your first time in Beijing?
Annie:	No, this is my second time. I came to Beijing for travelling two years ago.

Fang Xueqing:	How long have you learned Chinese before coming to China?
Annie:	Six months.

(四)
(Annie says)

  Today Wang Ping introduced a new friend to me. Her name is Fang Xueqing. She is a freshman in the law school and her major is International Law. I am very happy to meet her.

Lesson Two   Can You Go Any Cheaper?

(一)
(In the shop)

Annie:	Excuse me, where can I develop (digital) photos?
Salesman:	Please go inside, on the right.
Annie:	Thanks.

(Go to the shop of developing photos)

Annie:	Hello, I want to develop some photos. Here is the U-disk, please.
Salesman:	*(Turn on the computer)* Do you want to develop these photos?
Annie:	Yes, 20 photos altogether.
Salesman:	What size would you like? There are several kinds, which kind do you prefer?
Annie:	This one.
Salesman:	OK, please take this receipt, go to the cashier and pay for it first.

(二)
(In a fruit store)

Jeff:	Excuse me, how much for a jin of apples?
Salesgirl:	Seven yuan.
Lisa:	I think it's a bit expensive.
Jeff:	Can you go any cheaper? How about six Yuan?
Salesgirl:	There is no bargaining here. These apples are so big and sweet, the price isn't high at all.
Jeff:	Well, then, I'll take one jin.
Lisa:	Buy some more.
Jeff:	But you just said it was expensive. Because we are spending my money, you don't think it's expensive anymore?

Lisa:	Let me pay then.
Jeff:	It was only kidding you! *(To the salesgirl)* Please give us two jin of apples.
Salesgirl:	Ok. Anything else? How about having some tangerines?
Jeff:	No, thanks.

(三)

(In the cold drink shop)

Lisa:	May I have a drink?
Salesgirl:	Which one would you like?
Lisa:	One orange juice please.
Salesgirl:	Large or small?
Lisa:	Small, please.
Salesgirl:	Five Yuan.
Lisa:	What is that dark brown colored drink?
Salesgirl:	Oh, that is plum juice.
Lisa:	I've never seen it before.
Salesgirl:	It is a traditional Chinese drink. It is very drinkable. Would you like to try it?
Lisa:	Maybe next time.

(四)

(Jeff says)

It's very convenient to buy things in Beijing. You can bargain when you buy something somewhere. It's also a good opportunity to practice spoken Chinese. I already know how to bargain in Chinese and I'm pretty good at it. The sales people often say to me, "You are really terrific."

Lesson Three   How Far Is It From Here?

(一)

(On campus)

Yamada:	There is a mountain with beautiful scenery to the west of our school. Have you ever been there?
Lisa:	No, I haven't. How far is it from here?
Yamada:	Well, not far. It's about 10 km or so from here. You can get there by bike for about half an hour.
Lisa:	The weather has been pretty good these days...

Yamada:	I was thinking we could take some food and drinks and go to climb the mountain. What do you think?
Lisa:	Good idea!

(二)

(Lisa says to Annie)

There is a mountain with beautiful scenery to the west of the school. It's not far from here and we don't need to take a taxi or a bus, it's only half an hour by bike. Yamada has a good idea. He suggested we take some food and drinks to climb the mountain this weekend. Will you go?

(三)

(On the way)

Lisa:	In which direction are we going now?
Yamada:	North.
Lisa:	But didn't you say the mountain is to the west?
Yamada:	Well, to the northwest.
Lisa:	How far away is it now?
Yamada:	Not far, as soon as we turn left at the front crossing we'll be able to get the mountain.

(四)

(At the foot of the mountain)

Lisa:	Well, let's leave the bikes here.
Yamada:	OK, as you say. *(Park his bike)* Oh, stay still, I'll take a picture of you here.
Lisa:	Is the background good?
Yamada:	The background is wonderful! One, two, three ...Oh, the battery is power off! I forgot to charge it!
Lisa:	You are really a careless person!
Yamada:	No problem, I also have a mobile phone!

(五)

(Before class)

Yamada:	Lisa, here are the pictures I took last time we went out.
Lisa:	Come on. Let me have a look! *(Looking at the pictures)* This one is good, and that one too... only this one is not very clear.
Yamada:	Well, pick a few that you like.
Lisa:	They're all nice. These are the best ones. Oh, give me a copy of the photos on the U disk, I'

	ll send them to my mother.
Yamada:	Ok. How are they? Are you satisfied?
Lisa:	Sure, thank you.

Lesson Four She is Clever and Diligent

(一)

(On the campus)

Lisa:	Wang Ping, how are you? Long time no see.
Wang Ping:	Yes, it has been quite a while. Are you busy these days?
Lisa:	I am fine. And you? What are you going to do?
Wang Ping:	I'm going to see Annie. We are tutoring each other now.
Lisa:	How is she doing?
Wang Ping:	She is clever and diligent in her studies and makes fast progress.
Lisa:	She said that lately in class she understands everything the teacher says; however, when she is outside of class she can't understand anything, and then the more worried the she beconces less she can understand.
Wang Ping:	I often tell her, don't worry, it takes time.
Lisa:	I have the same problem. I wonder if there's an effective solution?
Wang Ping:	What are you worrying about? You speak Chinese quite well now, don't you?
Lisa:	Oh, no, I still have a long way to go. I'm asking you earnestly, is there a better approach?
Wang Ping:	There are many, such as listening to recordings, watching television and so on. Oh, yes, the best thing to do is to chat with Chinese people more often.
Lisa:	Well, I'll chat with you often then.

(二)

(Yamada is chatting with Jeff)

Jeff:	What's the matter? Yamada. You look a little bit unhappy?
Yamada:	I didn't do well on my last test. I wrote wrong answers for the last two questions.
Jeff:	Never mind. Don't you get another chance?
Yamada:	But what should I do if I still don't do well next time?
Jeff:	Don't worry. My teacher told me to remember this saying: "listen more, speak more, don't be afraid of making mistakes."
Yamada:	I know I should listen and talk to people more, but I just can't say anything when I am among Chinese people.

Jeff:	I have an idea. How about we study together from now on?
Yamada:	You are so nice to me.

(三)

(Yamada says)

    I like Chinese very much but the language doesn't like me. It's too difficult to learn Chinese. I study hard everyday but what I learned one day I will forget the next day. Jeff and I are going to study together. I know that he wants to help me. He is really a good friend. I will try to study harder!

Lesson Five　What's the Matter?

(一)

(In the dormitory)

Wang Ping:	Jeff, this weekend let's go out on our bikes and have some fun, alright?
Jeff:	It is a good idea, but I won't be able to go.
Wang Ping:	What's the matter? Do you have an appointment?
Jeff:	Oh, let's not talk about it. I have bad luck. I lost my bicycle.
Wang Ping:	Lost? How? Did you forget to lock it?
Jeff:	No, I didn't. I securely locked it. Look, the key is still here. Someone must have stolen it.
Wang Ping:	Don't worry, let's go downstairs and look for it again.
Jeff:	There's no need. I have looked for it several times. It must be missing.
Wang Ping:	Well, "if you don't get rid of old stuff, you'll never get new stuff," just get a new one.

(二)

(Two days later, Wang Ping sees Jeff riding his bicycle on the road)

Wang Ping:	Didn't you lose your bicycle, Jeff?
Jeff:	No, I didn't. I left my bike outside when I went into a shop one day. I was concentrating on my conversation with a friend when I came out, and I forgot to ride it back.
Wang Ping:	Oh, you scatterbrain!

(三)

(After class)

Lisa:	Well, Christmas is near, I wonder if we'll have vacations.
Jeff:	Probably not, because they are not accustomed to having the Christmas holidays here in China.

Peter:	That was in the past, not necessarily any more.
Lisa:	But we won't be able to go home without vacations.
Jeff:	What does it matter? We can have an evening party together, wouldn't that be exciting?
Annie:	Peter, your girlfriend wants to come to China, too, doesn't she? Ask her to come to China for Christmas. Wouldn't that be even more exciting?
Peter:	Oh, let's not talk about her any more. We broke up.
Annie:	Oh? I'm sorry, I'm sorry, I didn't know ...
Peter:	That's all right.

(四)

(Wang Ping calls Annie)

I'm sorry, Annie. I have an appointment tomorrow and won't be able to tutor you in the afternoon. Let's do it in the after noon the day after tomorrow, is that ok with you? ... Yes, the afternoon after tomorrow, OK? Will it be convenient for you?... Yes? All right, I'll see you the day after tomorrow. Goodbye!

Lesson Six   I'm used to ...

(一)

(Noon, Jeff goes to Wang Ping's dormitory)

Jeff:	It's already 1:00pm. How come you are still asleep?
Wang Ping:	I'm used to taking a nap after lunch. It's called a "noon nap".
Jeff:	Really? Well, I'm very sorry to disturb you.
Wang Ping:	It doesn't matter. Sit down, please.
Jeff:	If you happen to be free this Saturday, could you come to my room? I'd like to ask you a lot of questions.
Wang Ping:	Oh no, I cannot be an adviser. Let's just have a casual chat. I'll be free on Saturday morning, so I'll be there at 8:00am, OK?
Jeff:	But 8 o'clock is too early, I'll still be sleeping.
Wang Ping:	Too early? I get up at 6:30am every day.
Jeff:	Why do you get up so early?
Wang Ping:	Well, I go out and jog for keeping fit.

（二）

(Jeff says to Peter)

    I learned from Wang Ping that a lot of Chinese people are used to taking naps after lunch. I'm not used to taking a nap then. I like to play basketball at noon. Wang Ping says he gets up at 6:30am everyday. That's so early! I'm unable to get up that early. I love to sleep and it's really a luxury!

（三）

(In the restaurant)

Wang Ping:	What would you like? Just order anything you want. It's my treat today.
Annie:	Well, I will take you on. I like hot and spicy food. Let's order chicken cubes with hot pepper.
Wang Ping:	MaPo Bean curd is a famous dish here. If you really like spicy food, that one is good.
Annie:	What is the dish you just said called? I've never had it before.
Wang Ping:	Pockmarked grandma's bean curd.

（四）

(After ordering, the dishes are served)

Wang Ping:	Well, help yourself.
Annie:	*(After tasting)* Oh my goodness, It's so hot!
Wang Ping:	This is a Sichuan dish. Sichuan people enjoy hot food.
Annie:	What about people in other places?
Wang Ping:	Well, generally speaking, northerners like salty food, southerners like sweet food, Shandong people are enthusiastic with hot food as well, and Shanxi people are fond of food with vinegar. This is to say: South sweet, north salty, east hot, and west sour.
Annie:	How interesting! Each place has its own taste. But Sichuan is not in the east.
Wang Ping:	Oh, Sichuan likes hot pepper spicy but Shandong likes green onion spicy.
Annie:	Oh, I see!

Lesson Seven It's Getting Colder Day By Day

（一）

(In the dormitory)

Annie:	It's so cold today!
Lisa:	Well, it's getting colder day by day.
Annie:	I'm so glad that it's almost exam time.

Lisa:	Are you glad to take examinations?
Annie:	No. But we'll have vacations after the exams. I've been feeling homesick for a long time. By the way, are you going home during the vacations, Lisa?
Lisa:	No, I'm not. I want to go travelling.
Annie:	Where do you plan to go?
Lisa:	First Shanghai, then Yunnan.
Annie:	When are you leaving?
Lisa:	That depends. As soon as the exams end, I'm on my way back.

（二）

(Annie says to Peter)

Exams are drawing near and we'll be on winter break after that. I want to go home as soon as the vacation begins. Lisa is planning to go travelling. She's going to Shanghai first and then Yunnan. I want to travel too, but I miss my family badly. My travel plans will wait until summer vacation.

（三）

(In Peter's room)

Jeff:	What's the time?
Peter:	7:30pm.
Jeff:	It's time for the weather forecast. Can you quickly turn on the television?
Peter:	Do you watch the weather forecast every day? Do you understand what they say?
Jeff:	Actually, no. But I know what they are doing. I want to practice my listening skill. So I watch and listen to it almost every day. I will look up the words in a dictionary if I cannot understand. I can understand a little now by listening. For example: "Tomorrow will be fine," and "There'll be a drizzle in the afternoon", and that are enough.

（四）

(Peter turns on the TV)

Peter:	It's not on yet. It's all commercials.
Jeff:	It is weather forecast right after the commercials.
Peter:	I don't think the weather forecast is accurate at all. Yesterday they said it's going to snow today, but so far it hasn't snowed yet.
Jeff:	There's a possibility that you misunderstood it.
Peter:	With my listening comprehension, how could I have misunderstood it?
Jeff:	Well, you've learned to boast now.

(五)

(Annie says)

  The weather is getting colder every day by day. I am both worried and glad. What worries me is that winter is very cold here and I could catch a cold easily if I am not careful. What makes me glad is that it's going to snow soon. I enjoy watching snow so much. It would be even more exciting if I could skate.

Lesson Eight Can you make dumplings?

(一)

(Wang Ping is chatting with home)

Wang Ping:	Have you tried dumplings before, Peter?
Peter:	I can't make dumplings, but I can eat them. I often buy and eat frozen dumplings.
Wang Ping:	Homemade dumplings are much better than frozen ones.
Peter:	Homemade dumplings? I cannot make them.
Wang Ping:	It's easy. What about coming to my house to make dumplings this weekend? Ask Jeff, Annie and Lisa to come with you.
Peter:	That's great, I'll send them a message right now to tell them.

(二)

(At the gate of Wang Ping's home)

Peter:	The snowfall is pretty heavy.
Annie:	Your clothes are all wet.
Jeff:	I told him this morning it was going to snow and he wouldn't believe me.
Wang Ping:	Well, here we are, come in quickly.

(At WangPing's home)

Wang Ping:	Please sit down. What about having some tea first to warm up?
Jeff:	Wonderful!
Annie:	I'll help you make it, Wang Ping.

(Annie broke a cup)

Annie:	Oh, no, I've broken a cup. I'm so sorry.
Wang Ping:	Never mind.

(三)

(Telephone is ringing)

Jeff:	Wang Ping, there's a phone call!

Wang Ping:	You keep on talking, I'll answer it.

(Chatting over tea)

Lisa:	Do you know how to make dumplings, Jeff?
Jeff:	Well, I know how to eat them. They're delicious.
Lisa:	You only know how to make jokes, let Wang Ping teach you in a few minutes.

(Wang Ping hangs up the phone)

Wang Ping:	What do you want me to teach?
Lisa:	Teach Jeff how to make dumplings.
Wang Ping:	Well, it would be better if you did it. You can make dumpling better than I can now.
Lisa:	Flattered. How can that be possible?
Wang Ping:	Dumpling skin, dumpling stuffing I have them all ready. Let's begin to make them.

（四）

(Wang Ping is teaching Jeff how to make dumplings)

　　First prepare the dumpling skin and stuffing. When you start, put some stuffing, not too much, in the center of the dough, and fold the exterior dough up. Next press the dough's edge from the middle to the two ends until it sticks together. Then a dumpling is made. Make sure to press the dough tightly, otherwise the dumplings will fall apart when boiling. Finally put water in the pot and put the dumplings into boiling water. After they float to the surface, boil them a little, they're done.

Lesson Nine　We'll get someone to fix it immediately

（一）

(At the school's bicycle repair shop)

Fang Xueqing:	Sir, could you help me fix my bike?
Master:	What's the matter with it?
Fang Xueqing:	Could be a tire problem. I just pumped air into it half an hour ago, and now it's flat.
Master:	Let me see it. Oh, the tire is broken.
Fang Xueqing:	I've got something to do. Is it Ok if I leave it here?
Master:	Sure.
Fang Xueqing:	How long will it take to get it fixed?
Master:	Should be all right in half an hour.
Fang Xueqing:	Good. I'll just leave it here. I'll pick it up in an hour.

（二）

(Fang Xueqing says to Lisa)

If your bike has any problems, you can get it fixed at the bicycle repair shop. Our school has several of them. It's very convenient to fix a bike there. Generally, you just have to wait a bit for it to be fixed. If you can't wait, you can leave it there and then pick it up when you have time.

（三）

(In the service desk)

Piao Zhiyong:	Hello, the window in my room seems to be broken, can you find somebody to come and fix it?
Clerk:	What's the problem?
Piao Zhiyong:	It's very difficult when I close the window, it never closes properly. Sometimes it's fine, other times there is a problem, I don't know what's going on.
Clerk:	Ok, please tell me your room number and your cell phone number, I take a note.
Piao Zhiyong:	Building number 19, room 302, my phone number is 13717977883.
Clerk:	I'll repeat it, building 19, 302, 13717977883, right?
Piao Zhiyong:	Correct.
Clerk:	Ok, I'll find someone to come and fix it right away.

（四）

(Lisa comes back from the hospital and sees Jeff)

Jeff:	What's the matter with you, Lisa? You look so bad.
Lisa:	It's really unfortunate. I got a cold just after school started.
Jeff:	Spring has just begun; you can't wear so few clothes. You must have caught a cold. It is said in the north. "Dress warmly in spring and less in the fall"
Lisa:	It's too late to say it now. I have headache and my throat is sore. I'm really miserable.
Jeff:	Did you go to the hospital?
Lisa:	I went. Look, the doctor prescribed me the medicine, every day three times.
Jeff:	Generally, a cold will get better in a week anyway. It doesn't help taking any medicine.
Lisa:	What? How can you say that?
Jeff:	Don't be angry. In my experience, after you get a cold, if you sleep a lot and drink a lot, it doesn't matter if you don't take medicine.

Lesson Ten   This painting is terrific!

(一)

(On the way)

Wang Ping: Liu Wei, Why didn't you tell me you moved? I could have helped you move.

Liu Wei: I was afraid it would put you into too much troubles, so I didn't tell anybody. I found a moving company. It was all done in two hours.

Wang Ping: I should congratulate you! How's your new place?

Liu Wei: I'm very satified with it.

Wang Ping: When can I see your new house?

Liu Wei: It's still a mess. If you have time, we could go there right now and you could help me put things in order and give me some advices.

Wang Ping: Fine, let's go!

(二)

(At Liu Wei's home)

Wang Ping: This is much better than your old one.

Liu Wei: Yeah. Although it's not much bigger, it is brighter.

Wang Ping: Oh, this painting is terrific! It really works on this wall.

Liu Wei: A friend gave it to me. He is an artist.

Wang Ping: I think it would be better if it were hung higher.

Liu Wei: It does seem a little low. Ok, I'll move it up a little bit now. Help me by looking at it... Is it Ok now?

Wang Ping: A little more to the right, ...move to the left up higher, ... perfect!

(三)

(Half an hour later)

Wang Ping: I don't think the bookshelf here is as good as it is over there.

Liu Wei: Why?

Wang Ping: It'll be too far from the desk if you put it here.

Liu Wei: But then it's close to the bed. I can take the books when I'm lying down and reading. It'll be so convenient.

Wang Ping: You are so lazy! Ok, as you wish.

(四)

(Liu Wei says to Jeff)

  This time I moved house, I didn't ask any friends for help. In the past, moving was often done with the help of friends and family. It could be bothersome for others. Now there are moving companies, all you need to do is to make a phone call and pay the money, and everything is set then. You also save both effort and time. It's particularly convenient.

Lesson Eleven   Any Good Movies?

(一)

(In the dinning hall)

Liu Wei:	The theater is showing old movies.
Fang Xueqing:	Really? What movies?
Liu Wei:	Many! *Crouching Tiger, Hidden Dragon*, *My parents*, *Eat, Drink, Man and Woman* and others. I can't remember them all.
Fang Xueqing:	Oh, they are all good. I've seen most of them. It is worth watching them again if I've got time.
Liu Wei:	That is why everyone knows you're a movie fan. Oh, yes, I heard they are also showing another new movie...
Fang Xueqing:	What's the name?
Liu Wei:	I can't remember it exactly. According to the newspaper that the director and the actors are particularly famous.
Fang Xueqing:	Then I must go to see it.

(二)

(After the show)

Husband:	How was it?
Wife:	What can I say? It was far from what I expected.
Husband:	Why?
Wife:	The music was noisy and made me nearly deaf.
Husband:	I said you wouldn't be able to stand it, and you wouldn't believe me.
Wife:	Sounds like you didn't think it is too bad.
Husband:	Better than what I expected!

（三）

(In Yamada's dormitory)

Liu Wei:	Yamada, have you heard of Beijing Opera?
Yamada:	Yes, but I haven't seen it once. I read a book in Japan that introduced Beijing opera.
Liu Wei:	Would you like to see it then?
Yamada:	Of course I would. How could I get the ticket?
Liu Wei:	Look, I just happen to have two tickets here, let's go together!

（四）

(Yamada says to a friend)

　　Last weekend my Chinese friend Liu Wei took me to see a Beijing Opera. Although I didn't understand what the singer was singing, I really like their performance and costumes. While I was watching, Liu Wei translated and explained for me. I thought it was very interesting, so I'm starting to get interested in Beijing Opera.

Lesson Twelve   I still believe "A penny has a penny's worth"

（一）

(Outside the shop)

Wife:	Look, they have hats. Let's have a look.
Husband:	What's the point in looking at hats?
Wife:	My hair is getting thinner. I would look better if I wore a hat.
Husband:	Are you kidding? But, it is getting hotter. It wouldn't be bad to get a hat to block the sun. If you want to, then we'll pick one.
Wife:	*(Talk to the salesclerk)* Please give me that white hat for a look.
Salesclerk:	This one? This is the latest style. It's particularly popular.
Wife:	*(after trying it on)* Oh, my, it's a bit tight, do you have a bigger one?
Salesclerk:	Yes, try this one.
Husband:	It looks wonderful! Buy this one.
Wife:	*(Talk to the salesclerk)* Do you have a mirror? I want to have a look.

（二）

(Outside the shop)

Customer A:	Look, it says "on sale, 20% off". Let's go in and have a look.

Customer B:	"Nothing cheap is good, nothing good is cheap." How can the quality be good when the prices have dropped so much?
Customer A:	It doesn't cost anything to take a look!
Customer B:	Then let's go in and have a look.

（三）

(In the shop)

Salesclerk:	What would you two like to buy?
Customer A:	We are just looking... Oh, these pants look really nice, what do you think?
Customer B:	They look all right, but I don't know how they look like when you wear them.
Salesclerk:	There are fitting rooms over there, you can go and try them on.
Customer B:	I'll take your bag for you. You go and try them on.

(Customer Jia goes to the fitting room)

Salesclerk:	*(Talk to Customer Yi)* Would you like to get one?
Customer Yi:	How can the price drop so low?
Salesclerk:	There's nothing wrong with it. These are seasonal reductions, there's no problem with quality at all.
Customer Jia:	*(Go out the fitting noom)* Can I have two pairs of pants, please. One in black, one in blue.
Customer Yi:	My god! Buying one isn't enough, is it? I still believe "a penny has got a penny's worth."

（四）

(One shop assistant says)

As the saying goes: "nothing cheap is good, nothing good is cheap." Although there is a reason for this, it isn't always Astore manager. For example, we sell the dresses, but now is spring season, so the price of winter clothing starts to go down. If we don't sell them quickly, then we have to hold on to them for another six months. So we sell them off somewhat cheaper despite of high quality.

Lesson Thirteen   I want to buy a gift for her

（一）

(Fang Xueqing and Lisa are taking a walk)

Fang Xueqing:	The day after tomorrow is my mom's birthday. I want to buy her a gift.
Lisa:	What are you going to buy?

Fang Xueqing:	I haven't had a good idea yet. What do you think?
Lisa:	Buy a bunch of flowers, or a birthday cake, either of those is good.
Fang Xueqing:	My sister already said she would buy flowers. And, my mom doesn't like sweets.
Lisa:	Then buy her what she needs most.
Fang Xueqing:	Right. As soon as you said that, I thought of something. My mom's been wearing her sweater for many years. I'll buy a new one for her. I know my mom best.

(二)

(Store announcement)

Dear customers and friends, you are most welcome to shop here. Our store has a variety of dresses with good quality at a reasonable price, and we'll offer good services for you. We've won the attention and support of our customers and friends all over. We hope all of you will come here more often. Thank you.

(三)

(The next day in the shop)

Fang Xueqing:	Hello.
Salesclerk:	Hello. Would you like to buy something?
Fang Xueqing:	I'm not buying things now but I have something to ask you.
Salesclerk:	What is it? Please say.
Fang Xueqing:	Here is the sweater I bought yesterday. I want to give it to my mother as a birthday present. But when I brought it back for her to try on, it was a little tight. I would like to exchange it for a large size. Would that be Ok?
Salesclerk:	Fine. These sweaters are selling really fast, I don't know if we have a looser one. Wait a moment, please. I'll go to check it.

(The salesclerk looked for a while)

Salesclerk:	I'm really sorry, we don't have any large size here. Would you like to see other styles?
Fang Xueqing:	Oh, what can I do? My mother likes this sweater very much, especially the color and style.
Salesclerk:	When is your mother's birthday?
Fang Xueqing:	Tomorrow.
Salesclerk:	How about this idea? We'll try our best to find one for you. Could you give us your telephone number so that we can contact you as soon as possible?
Fang Xueqing:	That is great! I really don't know how to thank you.

| Salesclerk: | It's our pleasure. |

（四）

(Fang Xueqing says to mom)

  Mom, you look even younger when you wear this sweater. I knew you would look pretty in it. This kind of sweater is particularly well designed. They were all sold out in a few days. I really have to thank that warm hearted salesclerk. Because of his tremendous help, I can buy such an ideal gift for you.

Lesson Fourteen   I really like to roam around bookstores

（一）

(Saturday, Jeff meets Annie)

Jeff:	Hi Lisa. Haven't seen you for a long time. Where are you going?
Annie:	I'm going to the bookstore to buy several books.
Jeff:	What do you want to buy them for? It's much more convenient to go to the library to borrow whatever book you want to read.
Annie:	The library has too few new books and it is hard to borrow them. I really like to roam around bookstores and it feels so good in there.
Jeff:	How about you go another day?
Annie:	Why?
Jeff:	What a beautiful day it is today. Shopping wouldn't be as good as going for a boat ride with friends.
Annie:	Hmmm...
Jeff:	Oh, I'm reading a new book now. You would really like it.
Annie:	What book? Can I borrow it and have a look?
Jeff:	You have to promise me first, go with us for a boat ride.
Annie:	Fine. I promise. Now tell me, what book is it?

（二）

(Sunday, Annie looks for Jeff)

Annie:	Here's your book back.
Jeff:	You finished reading it so fast.
Annie:	I didn't sleep last night and finished reading without a break.
Jeff:	You burned the midnight oil a again!
Annie:	It's nothing. I'm used to working late into the night.

Jeff:	How was the book? Is it great?
Annie:	Excellent.
Jeff:	I said you'd really like it.
Annie:	I like the last part.
Jeff:	Me too.
Annie:	Does that bookstore sell this book? I'm going to buy a copy.
Jeff:	You don't need to go to the bookstore, buying it online is so convenient. You already finished reading it, why are you going to buy it?
Annie:	One of my Chinese friends is getting married, I want to give it to her as a gift.
Jeff:	Oh, then you still have to go to the bookstore!

(三)

(Annie says)

　　I really like to read novels. In addition to American novels, I also read a lot of English translations of Chinese and other foreign novels. I really like Chinese literature too, and I hope to be able to read original Chinese works one day. Since I've been in China, I keep writing a diary every day, and I plan to continue writing. I've tried writing my diary in Chinese, but it's really too difficult. If the day comes when I can use Chinese to do it completely, that would be terrific.

Lesson Fifteen   I'm really sorry

(一)

(Cyclist Jia ran down cyclist Yi)

Jia:	I'm sorry, I'm really sorry. I was thinking of something else, I didn't see you coming.
Yi:	I'm sorry. It is my fault. I was riding too fast. Are you injured?
Jia:	It's nothing. It's nothing.
Yi:	I'm really sorry.
Jia:	It's nothing, really. You can go on. Oh, yeah, you should ride slowly afterwards.
Yi:	Right, right. I will remember it.

(二)

(Cyclist Bing and Ding were collided on the street)

Bing:	What kind of bike riding is that? Are you blind?
Ding:	Do you know how to talk? You are a really impolite person!
Passer by:	No more arguing, please. Wouldn't it be over if you two just let each other pass?

Ding: You saw it, didn't you? I didn't run into him but he ran into me. It's he that should apologize.

Bing: Apologize for what? It was you who ran into me. You ought to pay for my bike.

Ding: What? You're the one who was riding too fast, you should say sorry.

Bing: What kind of attitude have you got?

Passer by: Enough, enough. Come on, there are so many bystanders here. The street is all jammed up.

(三)

(Two People did not walk the crosswalk)

Policeman: Excuse me. Walk through the crossing, you two, please.

Jia & Yi: Yes, yes.

Yi: It's green light now. Let's cross the road quickly.

Jia: No, we don't have enough time. It is already changed into yellow light.

Yi: It's Ok. We can make it.

Jia: No, it can't be.

Yi: You are too much troublesome.

Jia: It's better to be careful.

Yi: How come this traffic light changes so slowly?

Jia: Just wait, please. Safety comes first.

(四)

(A policeman says)

In our city there are a lot of cars and a lot of people, there are also a lot of bike riders. If some people doesn't follow transportation regulations, accidents will happen. Actually, all we need is for every individual to consciously respect the traffic rules, if so, a lot of bad things won't happen.

Lesson Sixteen   I need a haircut

(一)

(Before class, in the classroom)

Peter: I need a haircut. Do you know anywhere of good quality?

Jeff: I've never gone to a barbershop. I always have it cut on my own.

Peter: Really? You are really handy.

Jeff: It's nothing. It only takes a few minutes. Do you dare let me cut yours for you?

Peter: Why not?

(二)

(In the barbershop)

Hairdresser:	Please come over here, Sir.
Piaozhiyong:	Is it my turn?
Hairdresser:	Yes. How do you want to have your hair cut?
Piaozhiyong:	It's simple, just cut it a little shorter and it will be fine.
Hairdresser:	Fine.

(Start to haircut)

Hairdresser:	What do you think of cutting off a little like this?
Piao zhiyong:	Take a little bit more off here, please.
Hairdresser:	Okay.

(After a while)

Hairdresser:	It's all done. Do you want me to wash your hair?
Piao zhiyong:	Yes.
Hairdresser:	Do you want it blow-dried?
Piao zhiyong:	Yes, please.

(After drying his hair)

Hairdresser:	OK. Have a look in the mirror. Are you satisfied?
Piao zhiyong:	Very satisfied, thank you.
Hairdresser:	I think your hair is nice. You would look cool if you dye it. The fashion now is dying hair.
Piao zhiyong:	Thanks. But I don't like such fashionable things. It is no good that everyone looks the same.

(三)

(Two girl students are chatting)

Zhang Xin:	I don't have a lot of hair, so I need to get a perm, this way it will look like I have a little more.
Fang Xueqing:	Why perm it? Straight is natural. Why don't you cut it? Short hair is lively.
Zhang Xin:	No, I don't want short. I only want a perm.
Fang Xueqing:	That makes sense. So, where are you going to get it?
Zhang Xin:	There is a salon outside the school gate. I heard that one is very good. I think I'll go there and check it out.

Fang Xueqing:	What kind of style are you going to get?
Zhang Xin:	I haven't made a decision yet. They have a service, "computer aided choice," everyone can select the most satisfying of 28 styles.
Fang Xueqing:	Really? You want me to go along with you? I don't think you'll be able to decide.
Zhang Xin:	You still know me best.

(四)

(One barber says)

Some people say that hair is a person's second face. That makes sense. Men and women who like to look good can't just pay attention to their clothing and faces without caring about their hair. A beautiful hairstyle can make an elder person look younger, make young people look better, and make them full of confidence.

Lesson Seventeen   Spring is here

(一)

(In a park, a child throws the banana peel on the ground)

Mother:	My baby, don't throw banana peels on the ground. Go to pick them up.
Son:	The man also threw his peel on the ground just now.
Mother:	Sweetie, children who love to be clean and neat never throw dirty things around. Listen to what mom said, go and pick it up.
Son:	All right, mom. I've picked it up. Where should I throw it away?
Mother:	Do you see that green trash bin over there? Throw it in there.

(二)

(Several young people are sitting on the meadow)

Jia:	It's so comfortable here!
Yi:	I remember we used to ride bikes to go out every weekend for fun during college.
Jia:	There was less traffic then. We could ride and watch the scenery at the same time.
Yi:	I had ridden my bike for 40 km once.
Bing:	It's easy now. There is no need to get so tired since we have a car.
Jia:	Tired though we were, we didn't feel it at all at that time.
Yi:	You said it. It was so romantic to ride bikes under blue sky and white clouds!
Jia:	Have you noticed? The sky is not as blue as it was before, and it's even harder to find stars at night.

Yi: Yeah! That is all because of the pollution.

(三)

(Annie says)

  Spring is here. The trees are green, the grass is green too, and many flowers are blooming. Except the windy or drizzling time, the weather is particularly good. It's getting warmer outside, and there are more people coming out for walk. The daytime is getting longer and the nighttime is getting shorter, and the children can play outside longer. My mood is the best in spring. Our teacher assigned us a homework, which is to talk about our feelings of spring. I've already prepared it. I've also learned a spring song from a Chinese child, which I've prepared to sing for my classmates.

  Where is spring?

  Where is spring?

  Spring is in the children's eyes.

  Seeing the red flowers,

  Seeing the green grass,

  And there's also that little oriole that can sing.

Lesson Eighteen What does he look like?

(一)

(The girls' dormitory)

Jia: I have a new discovery.

Yi: What did you find out?

Jia: Guess!

Yi: How could I guess? So, tell me quickly.

Jia: Zhang Xin has a boyfriend.

Yi: I never heard about that. How do you know that?

Jia: I just saw her together with a guy, and they are hand in hand.

Yi: Really? What does he look like?

Jia: Tall, thin, and wearing sunglasses.

Yi: Handsome?

Jia: Yes, very cool!

(二)

(Zhang Xin comes in while singing)

Yi: Ok, Zhang Xin, you have a secret. Tell us the truth immediately.

Zhang Xin: What secret? What do you want me to say?

Jia: I saw it all.

Zhang xin: What did you see?

Yi: Who was that guy you just walking with? The tall, thin one.

Zhang Xin: Just now? Boy? That was my gounger brother! What's the matter? You thought... Ha! Ha! That's extremely funny!

(三)

(In a hospital)

Husband: How is it? Are you Ok?

Wife: It's nothing. Look, isn't this all right?

Husband: I was so worried when I received the call. I was worried all the way to here.

Wife: Your baby girl and I might not have seen you again without that good-hearted driver rescuing me. *(Cry)*

Husband: Don't cry, please. Crying isn't good for your health, especially when you have just given birth.

Wife: We have got to find that driver. I haven't had any time to say "thanks."

Husband: Do you remember the vehicle plate?

Wife: I didn't notice either.

Husband: What does the driver look like?

Wife: I'd say... around thirty, big eyes, round face, pretty dark, long hair to her waist.

Husband: What? Oh, the driver is a woman.

(四)

(A pedestrian answers the policeman)

What does that person look like? Oh, 40 or 50 years old, a long face, a big nose, little eyes, and his mouth isn't small either; and he has a little bit accent. Not tall, short and fat, about 160cm. Wearing a white shirt, a pair of pants in black, no, it seemed blue. Also ...I can't remember it clearly.

Lesson Nineteen   This is just a minor operation

(一)

(In the hospital)

Doctor: What's the matter?

Yamada: Stomachache.

Doctor: How long has it been hurting?

Yamada: It started sometime last night after 7pm.

Doctor: Has it been hurting all along?

Yamada: No, it hurts for a while, and then doesn't hurt. After a while it hurts again, and the time in between gets shorter and shorter.

Doctor: Vomiting?

Yamada: No, but I have a little diarrhoea. I have to go to the bathroom every hour.

Doctor: Come on, recline on the bed and I'll give you a check. Unfasten your pants.

(Press a little)

Yamada: Oh, it hurts more!

Doctor: Could be the appendicitis. I'll write up an assay sheet for you, you have to get your blood checked first.

(二)

(At home)

Husband: Oh, oh my God.

Wife: Is it serious hurt?

Husband: It hurts so badly I can't stand it.

Wife: I think we had better go to the hospital.

Husband: No, let's wait till the morning.

Wife: No way. I've never seen you in such a pain. We definitely should go to the hospital for seeing a doctor. I have to call them now.

(Giving a call)

Hello? Is this 120? Hi, my husband is having terrible stomach pain. He has taken pain relievers twice but they haven't helped. Can you send an ambulance over? ...Our address is Room 101, building 8, at No. 123, North Zhonghua Road. The telephone number is 676053268. My name is Wang Li. Sorry to trouble you. Ah, We'll be waiting.

（三）

(After Yamada's a operation)

Annie: Yamada, we've come to see you.

Jeff: We brought for you the comic book you love to read the most.

Yamada: You guys really know me. Thanks.

Jeff: What are you thanking us for? How is it, Yamada, did the operation go smoothly?

Yamada: Very smooth! The doctor said I can leave the hospital in seven or eight days.

Jeff: Your health is good. How come you got appendicitis all of sudden.

Yamada: I'm not too sure. Some people say it's easy to get it if you start exercising right after eating, but then some people say there's no connection.

Jeff: However, I've found out that you always run to class after eating breakfast. This can't be good for your health.

Yamada: Can't help it. I like staying up late. If I can sleep more in the morning then I'll sleep more.

Annie: Night owl! I learned this word from Wang Ping also. Oh, yes, Wang Ping was coming with us to see you today, but just as we were leaving, a friend came to see him. He said he would come again some other day, and he would bring you something good to eat.

Yamada: Please tell him there's no need to do that. The doctor isn't letting me eat anything before I get out the hospital. It's just a minor operation. It's nothing serious. Don't let him worry about me.

（四）

(Annie says to Wang Ping)

    Yamada's operation went very smooth. He is in good spirits, and he can leave the hospital in a few days. He was told that you want to go to see him. He asked me to tell you that you don't need to go. He said it was just a minor operation and it's nothing to worry about. He wants to play basketball with you after geting out the hospital and being in good health.

Lesson Twenty   I hope I can...

（一）

(Entertainment programme on TV)

TV host: Now, let's relax for a while. Audience, please tell us what is your biggest hope. Shall we start it?

Undergraduate: I hope I can be accepted for the PhD program.

Doctor:	I hope I can open my own clinic.
Woman:	I hope my future husband will be tall and have an athletic body and a nice personality.
Director:	I hope audience will always be fond of my movies.
Movie fun:	It would be wonderful if we could go to the movie for free.
Sports fun:	I hope we can have sports games on TV everyday.
Child:	If I were a grown up now, it would be terrific.
Old man:	I wish I could be ten years younger.
Pupil:	It would be fantastic if we didn't have any exams.
Drunkard:	If beers were sold at half price, it would be good.

(二)

(In the boys' dormitory)

Jia:	I won't go to the beach this summer vacation.
Yi:	Didn't you say we'd go together? And your girlfriend has been saying she wants to see the sea.
Jia:	Don't mention it. We might have broken up.
Yi:	It couldn't be.
Jia:	She met a primary school classmate lately. The guy is a PhD student. He is taller and better than me. She has accompanied that guy all the day and forgot me at all.
Yi:	Did she ask you to go with her?
Jia:	She did, but I didn't go!
Yi:	You are jealous, aren't you? That is your fault. She is not that kind of person.
Jia:	Who knows? How could I compare to a PhD student?
Yi:	Come on, how come you have no confidence in yourself?

(三)

(Yamada says)

It is a popular saying among the youth. "The three conditions" are the most important things to attract a girl or a boyfriend. They are: being tall, to have an advanced degree, and to earn a high salary. I don't know how it is in other countries but I think it is mostly the same. But what I am saying is that there are many outstanding eople who are not tall, just like me. One's body is given by their parents so no one can control their own height. The big issue is that the person should love his/her life, career, and family. Having those three things are the most important things. What do you think of my opinion?